KB093861

펜의 자리, 칼의 자리

— 88 언론 테러 30년, 군사문화는 청산되었나

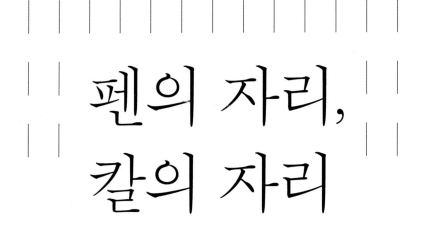

펜의 자리, 칼의 자리

88 언론 테러 30년, 군사문화는 청산되었나

오홍근 지음

메디치

그릇된 역사를 반복하지 않으려면

30년 전 그는 중앙경제신문 오홍근 사회부장이었다. 서울올림픽이 열린 그해, 1988년 8월 6일 아침 출근길 서울 강남 대로변에서 택시를 잡으려고 서 있다가 칼부림 테러를 당해 쓰러졌다. 허벅지에 중상을 입고 병원에 실려가 헤진 살을 바느질하듯 수십 바늘 꿰맸다.

범인은 장성 둘을 포함한 현역 군인 10여 명. 오홍근 부장이 시사 월간지 《월간중앙》에 쓴 칼럼 '청산해야 할 군사문화'에 불만을 품고 저지른 조직 범행이었다. 큰길에서 지나는 시민들이 지켜보는 가운데 대담하게 자행한 언론인 테러였다.

세월이 흐르며 오홍근 테러 사건은 점차 사람들에게서 잊혀갔다. 가해자인 테러범들은 "군에 대한 충정"이라 판단한 군사법원에 의해 선고유예로 풀려났다. 반면 피해자인 오 부장과 그의 가족은 오랜 동안 심각한 트라우마에 시달렸다.

오 부장은 시도 때도 없이 엄습하는 불안감에 잠을 못 이뤘다 한다. 집과 사무실 밖으로 나와 이동할 때면 본능적으로 주변부터 살폈다 한다. 그렇게 심리적 압박을 받으면서도 그는 더욱 꼿꼿한 자세로 치열하게 칼럼으로 시대를 기록하고 증언했다. '펜은 칼보다 강하다'는 신념을 자신의 몸과 글로 입증하고자 했다.

그런 그를 옆에서 지켜본 우리는 함께 아파했다. 때때로 막걸리 잔을 기울이면서 두 눈을 부릅뜨고 세상의 변화를 지켜보자고 다짐했다. 정치 및 사회 전반의 민주화와 함께 시민의식이 성장하고 집단지성이 발휘되면서 세상이 바뀔 거라고 기대하면서.

그렇게 어언 30년이 흘렀다. 그를 설득해 오홍근 테러 이후 한 세대가 지난 지금, 과연 이 땅에서 군사문화는 청산되었는지 집중 조명해 보고자 했다. '걸어다니는 한국 현대사'로 불리는 역사학자인 한홍구 성공회대 교수, 정치권의 대표적인 군사 전문가인 김종대 정의당 의원을 초청해 그와 더불어 3자 특별 좌담도 마련했다.

아울러 오 부장이 중앙일보 기자를 거쳐 국정홍보처장과 청와대 공보수석·대변인 등 공직을 역임한 뒤 다시 칼럼니스트로 복귀해 인터넷신문《프레시안》에 연재한 칼럼들을 복기했다. 재판거래 의혹으로 검찰의 수사 대상에 오른 '양승태 대법원의 군사문화' 등 최근에 쓴 글들을 모아 한 권의 책으로 엮어 보았다.

특별 좌담과 그가 쓴 원고 뭉치를 정리하면서 우리는 변하지 않은 세상에 새삼 놀랐다. 30년이면 강산이 세 번 변할 세월임에도 낡고 곰팡내 나는 군사문화는 여전히 우리 사회 곳곳에서 암약하며 세상을 피폐화시키고 있음을 발견해서다.

특히 30년 전 그를 테러한 정보사령부와 사촌 격인 국군 기무사령부가 2016년 가을부터 광화문 광장을 가득 메운 촛불을 군화발로 짓밟는 계엄령 선포를 검토한 문건이 최근 공개됐다. 심지어 그들은 세월호 참사 초기에 인양 반대 여론을 조성하고 희생자를 수장하자는 야만성을 드러내기도 했다.

이번 작업을 계기로 새삼 역사의 반복성에 놀랐다. 프랑스의 사상가 파스칼은 '클레오파트라의 코가 조금만 낮았더라면' 세계 역사가 달라졌을 것이라고 했지만, 우리는 '군(軍)과 군사문화가 병영 안에 있었더라면' 이 나라 역사가 크게 달라졌을 것이라는 믿음을 갖게 되었다. 비록 역사에 가정(假定)이란 없는 것이긴 해도.

이참에 간헐적으로 만나던 우리 모임을 정례화하기로 하고 문패도 내걸었다. '88 언론 테러 기억'이라고. 그리고 이 땅에 그릇된 역사가 반복되지 않도록 나름 기여할 길을 적극 찾아 나서기로 했다.

30년 전 중앙경제신문 사회부 일원으로 오 부장 테러 사건을 직접 취재 보도했던 후배 기자이자 증인인 김현종 메디치미디어 대표가 책 출간을 자원했다. 김 대표와 메디치미디어 편집진에 감사드린다.

'88 언론 테러 30년―군사문화는 청산되었나'를 주제로 특별 좌담을 하고 책을 출간하면서 우리가 내린 결론은 명확하다. "군사문화는 역시 병영 안에 있어야 한다"는 점이다. 군사문화가 병영 밖으로 뛰쳐나와 민주주의를, 시민의 삶과 문화를, 나아가 한 나라 역사를 패대기치게 해선 절대 안 된다.

2018년 8월 6일

88 언론 테러 기억 모임

곽태형 김대곤 김현종 박세열
박종권 양재찬 이강윤 이동석 장현철

출간에 부쳐 — 그릇된 역사를 반복하지 않으려면　　　　4

특집 좌담 — 88 언론 테러 30년, 군사문화는 청산되었나　　　　10

1부　　테러로 본색을 드러낸 군사문화

청산해야 할 군사문화　　　　37

민군간의 갈등, 그 실상과 치유책　　　　49

그래도 지구는 돈다　　　　61

부록 1) 확대취재여록 1988년 8월 27일《중앙일보》　　　　68

부록 2) 뉴스의 얼굴 1988년 8월 28일《중앙일보》　　　　71

부록 3) 취재 여록 1988년 8월 30일《중앙일보》　　　　72

부록 4) 신군부의 언론통제 사건 조사결과 보고서　　　　74

2부　　민주주의의 후퇴와 군사문화의 역공

검찰·조중동·청와대… 新삼권분립시대　　　　81

종북좌빨 망국론 간판 걸고 대선 치를래?　　　　87

박근혜, 군사문화 대물림 받았나　　　　95

그 무덤에 침을 뱉어라　　　　104

3부　박근혜 정부, 다시 살아나는 박정희의 망령

박근혜, 박정희 군사문화에서 벗어나라　　　　　115

'5.18 폭동'과 '홍어 · 좌빨'의 비극　　　　　122

민주주의 할 건가 말 건가, 그것이 알고 싶다　　131

'적반하장 사회 구현'으로 가는가　　　　　138

회복되지 않는 박정희 씨의 명예　　　　　145

재판과 '개판' 사이　　　　　152

**4부　유신의 진정한 종결,
　　　그리고 새로운 시작을 위하여**

비로소 유신이 끝났다　　　　　161

'바꿔치기 대통령'의 비극　　　　　167

이명박의 죄와 벌　　　　　175

태극기, 제자리에 갖다 놓으라!　　　　　183

홍준표식 정치 보복의 추억　　　　　188

'양승태 대법원'의 군사문화,
그는 박근혜 사령관의 법무 참모였나　　　　194

기자 오홍근을 말하다 — 펜이 칼보다 강함을 입증한 기자　　　199

88 언론 테러 30년, 군사문화는 청산되었나
— 군사문화는 병영으로 돌아가야 한다

좌담자

한흥구(성공회대 교수), **김종대**(정의당 국회의원), **오홍근**(언론인·전 중앙경제신문 사회부장)

군사문화는 병영 안에 있어야 한다. 탈영한 군사문화는 민주주의를 심각하게 위협하기 때문이다. 지난 우리의 현대사가 군사문화의 폐해를 가감 없이 보여준 사례이다. 이에 30년 전인 1988년 8월 6일, 군사문화를 비판적으로 다룬 한 언론인에 대한 테러를 감행했던 날을 맞아 군사문화란 무엇이며, 우리 사회에서 군사문화는 어떤 역할을 했는지에 대해 짚어보고자 이 특집 좌담을 기획하였다. — 편집자

김종대(이하 김) 여기 오홍근 선생님이 계시지만, 국군 정보사령부가 군사문화 청산 칼럼을 쓴 언론인에게 식칼 테러를 감행한 적이 있었습니다. 30년 전 일입니다. 하지만 지금도 군은 별로 달라지지 않았어요. 여전히 병영을 나와 민간인 세상을 넘보고 있습니다. 국군 기무사령부가 사실상의 계엄령 선포에 준하는 병력 동원 조치를 세워 놓고 이제 와서 아무것도 아니라고 하고 있습니다.

제가 군사 문제만 30년 넘게 살펴 왔는데요. 이건 일반적인 기무사 업무가 아닙니다. 이게 기무사 업무가 되려면 계엄령 선포와 합수부 설치가 필수입니다. 그런 틀을 짜고 사실상의 쿠데타 계획을 세운 겁니다.

1980년에 전두환 장군이 합동수사본부장으로 등장하지 않습니까? 그런 무소불위의 합수부와, 이를 실질적으로 움직이는 기무사를 상정한 구체적 실행 계획입니다.

이 사람들 참 큰일 낼 사람들입니다. 이번 일을 계기로 다시는 군대가 민간의 영역으로 넘어오지 못하도록 제도화해야 합니다. 저는 이게 핵심이라고 봅니다. 현재의 대통령이 과연 그런 의지가 있는지 저는 그게 가장 중요한 관건이라고 봅니다.

한홍구(이하 한) 저는 대한민국이 이미 군사 쿠데타가 가능하지 않을 만큼 민주주의가 성숙한 나라가 되었다고 생각합니다. 1987년 6월 항쟁 당시 전두환도 계엄 선포를 심각하게 고려했지만, 실행할 수 없었죠. 계엄령이란 것은 촛불 시민들에게 탱크 몰고 돌진하는 것을 의미합니다. 이때 시민들이 강력 저항하면 1980년 광주보다 훨씬 규모가 큰 유혈 참사가 서울 한복판에서 벌어질 게 명약관화데, 누가 감히 그 뒷감당을 하며 권력을 유지할 수 있다 자신하겠습니까? 박정희, 전두환이 쿠데타로 권력을 잡고 보니 다른 자들이 쿠데타를 일으킬까 두려움이 컸고, 그것이 보안사라는 괴물 조직을 만드는 계기가 됩니다. 특히 전두환은 쿠데타를 막아야 할 책임자인 현직 보안사령관으로서 쿠데타를 일으킨 뒤, 보안사가 새로운 판을 짰지요. 그 잘못된 기억을 방대한 조직의 할 일 없어진 사람들이 갖고 있다가 이런 엉뚱한 짓을 하는 겁니다. 이제 한국 사회에서 군사 쿠데타 가능성은 거의 없어졌고, 남북관계도 획기적으로 변화하는 데 맞추어 기무사의 임무를 새롭게 규정하고, 단순한 개편이 아니라 해체 수준으로 원점에서 재구성해야 합니다.

오홍근(이하 오) 494개 주요 시설과 광화문·여의도에 기계화사단및 특전사 등 계엄 업무 수행군을 투입한다 했습니다. 정부의 모든 기능을 군이 장악하고 촛불 시민들에게 총부리를 겨누겠다는 이야기입니다. 1961년 5월 16일 새벽 한강 다리를 건너오는 일사불란한 군화 발소리를 듣는 듯한 착각을 느끼게 됩니다. 주요 요지를 선제적으로 장악하고 사전 검열을 위해 언론사마다 계엄사 요원을 파견하는 계획도 나와 있었습니다. 한마디로 치밀한 친위 쿠데타 계획에다 1972년 10월 17일의 유신을 보탠 소름끼치는 헌정 말살 실행 계획이라 판단합니다. 1979년 전두환 씨의 12.12 쿠데타도 기무사의 전신인 보안사가 감행한 정권 찬탈이었습니다. 전두환 보안사령관에, 허 씨들도 보안사 처장들이었습니다. 곡해일지 모르겠지만 보안사와 기무사의 DNA를 의심하게 됩니다. 기무사의 역할과 기능은 차제에 부대 해체를 포함하여 원점에서부터 검토해야 한다고 봅니다.

한 군사문화를 이야기하면 보통 박정희 군사 정권을 원조라 이야기합니다. 하지만 저는 조금 연원을 올려 잡아야 한다고 생각합니다. 특히 일제시대 후반기가 중요한데, 만주 침략 이후, 본격적으로는 중일전쟁을 치르게 되면서 국민학교가 많이 생기죠. 국민학교가 군사문화의 진앙지였고요. 국민학교에서 키워낸 게 군국 소년이었습니다. 일제가 우리 청년들을 징병해서 데리고 갔는데, 국민학교도 다닌 적이 없으면 일본 말도 모르고 단체 생활도 한 적도 없으니 군대에서 당장 써먹을 수 없어요. 그래서 청년단을 전국에 만들었는데, 이 유산을 이어받은 일제 잔재인 서북청년단을 비롯한 청년단이 또 해방 이후에 아주 중요한 역할을 하죠. 1950년대 깡패 조직들을 보면 호칭이 '형님'이 아니라 '단장님'이었습니다. 청년단 문화의 기반 위에 한국전쟁을 치릅니다. 일본에서는 1945년 패전 이후 미군 점령 시기에 군국주의 물을 빼느라고 굉장히 노력합니다. 그런데 한국에서는 일제가 키워낸 군국 소년들이 군인이 돼서 전쟁을 치루죠. 황군 대신 국군이 되었고, 이 사람들의 훈육주임이자 사령관으로 박정희가 등장한 겁니다. 박정희가 돌출적인 게 아니고 박정희가 등장할 수 있는 사회적인 기반, 박정희가 '아' 했을 때 '어' 하고 호응을 해주는 기반이 마련되어 있었다는 점에서 논의를 시작할 수 있습니다.

김 군사문화의 경계선을 획정하는 것이 쉬운 문제는 아닌 것 같습니다. 동양의 근대화는 근대 국민 국가를 동원체제로서 조직화하는데, 이때 근대 군사 조직과 문화가 사회적으로 확대 재생산된 형태로서 수입됩니다. 군국주의자들에게는 독특한 인간관이 잠재되어 있습니다. 항상 인간은 불안정하고 나약하며 불안한 존재라는 것입니다. 따라서 개인은 완성될 수가 없고 국가나 군대가 하나의 조직된 힘으로서 개인의 문제를 대신 해결해 주는 해결자로서의 절대적 권위를 형성하게 됩니다. 나의 불안한 한계를 어떤 군대나 국가라는 조직에 몸을 담음으로써 초월하고, 그 속에서 나의 불완전함과 나약함이 극복된다고 보는 것이죠. 이것이 절대주의입니다. 개인의 양심의 문제까지 국가가 대신 판단을 해주니까 양심의 문제로 고민하지 아니하고 나의 양심을 대리해 주는 상징적 표상인 국가나 어떤 권위에 절대적으로 의지하는 데에서 군사문화가 1차 완성되죠. 소위 '까라면 까는 문화'입니다. 이 나라가 해방이 되고 민주주의 체제를 잡아가는 중에 박정희가 반 헌법적 쿠데타를 일으키면서 본격적인 군사문화가 시작된 것이라고 생각합니다.

오 군대와 군사문화가 100% 나쁜 것은 아니죠. 5.16 쿠데타 이후만 해도 민간은 많이 놀랐습니다. 처음에 'ABC 쇼크'가 있었습니다. Army Briefing Chart. 브리핑을 잘하고 차트를 잘 만드니까 잘 돌아가는 것 같고 근사해 보이거든요. 그렇게 쇼크를 줬는데, 과유불급인 것이 처음에 폭력배들에게 현수막 들고 종로통 행진을 시켰습니다. 이정재니 임화수니 하는 깡패들을 다 잡아

넣었죠. 그 즈음 어떤 지방 도시에서는 길거리에 안내판을 만들어 놓고 '술에 강한 자 소주 2홉, 보통인 자 소주 1홉, 그다음에 술에 약한 자 반 홉' 이렇게 획일적으로 음주량까지 정해줬죠. 5.16 쿠데타 직후 이야기입니다.

한　그런 문제는 군대가 단지 탱크만 밀고 나갔기 때문은 아니거든요. 군대에 대한 고정관념으로 단순, 무식, 과격하다는 게 있죠. 그런데 결코 무식하진 않았어요. 1950~60년대 한국사회에서는 군대가 가장 선진 문물을 수용한 집단이었습니다. 교육과 물자가 집중됐고요. 이승만 대통령 시절에 민간에서 외국으로 나간 유학생 숫자가 6천 명이었는데, 그중에서 10분의 1이 돌아왔어요. 군대는 물론 민간보다는 유학 기간이 짧았겠지만 9천 명 내보냈습니다. 그리고 거의 대부분 돌아왔으니까 해외 체험이라던가 미국과의 접촉이 민간에 비해 월등히 풍부했죠. 재벌 기업에서 재교육 기관 혹은 직원 연수 기관이 70년대 중반쯤에야 만들어집니다. 그런데 군대에는 육군사관학교뿐만 아니라 육군대학, 국방대학원에 각종 병과별 학교가 있었죠. 통신학교를 포함해서 과학기술을 받아들이는 데에 있어서 가장 선진적인 통로가 군대였어요. 우리나라의 경영학, 행정학은 군대에서 처음 받아들였습니다. 저도 정말 싫어하고 문제가 있다고 생각하는 말이지만 "군대 다녀와야 사람 된다"는 말이 통용되었던 이유가 나름대로 있었던 거죠. 많은 사람들이 군대 가서 처음 전깃불이나 전화를 썼죠. 육군병장 마치고 돌아오면 리더십도 생기고요. 군대에 비해 민간 쪽의 역량이 상대적으로 낮았어요. 민주화는 학생들이 열심히 싸워 가지고 전두환한테서 정권을 빼앗아 오는 것이 아니라, 우리 사회 각 분야에 축적된 역량이 군대의 수준을 넘어서게 되는, 그래서 군대가 더 이상 사회에 대해서 지도적이거나 헤게모니를 가질 수 없게 되었기 때문에 가능했다고 볼 수 있습니다. 민주화 운동은 같이 상승작용을 했고요. 저는 그 교체 시기가 오홍근 선생님이 칼에 맞은 1988년 즈음이라고 봅니다. 군대가 이 사회에 대해서 말발이 안 먹히게 됐죠. 그런 위기감이 처음 생기면서 오홍근 기자에게 식칼 테러라는 극단적인 일이 일어난 거죠.

오　군사문화는 그 자체로서도 시대에 맞게 개선되어야 하지만 문제는 군사문화가 병영에서 탈영한다는 겁니다. 울타리를 넘으면서 다양한 가치가 지배하는 사회 문화와 충돌을 한단 말이에요. 군사문화는 기본적으로 승리하는 문화, 능률을 추구하는 문화입니다. 일사불란을 추구하고요. 공정이나 정당함은 우선순위에서 뒤로 밀리는 것이죠. 또 하나 중요한 건 '졸'(卒)을 사람으로 안보는 것이죠. 양승태 대법원 사태 또한 졸의 기본권을 무시했기 때문에 일어난 사건입니다. KTX나 쌍용차 문제도 전부 졸을 졸로 보기 때문에 일어난 사건이거든요. 이게 군사문화의 특성입니다. 그리고 군 내부에서 '졸의 기본권'을 무시하는 건 그렇다 치더라도 일반 사회에서 졸인 국민의 기본권을 무시하는 게 비극이

된 겁니다. 헌법 제1조도 이 나라의 모든 권리는 졸로부터 나온다는 이야기 아니겠습니까. 군사문화는 그 졸인 국민을 무서워하지 않는 문화라고 봅니다. 대표적인 국가 공권력 살인 사건인 인혁당 살해 사건이나 광주 학살 같은 것도 그래서 생긴 졸의 참극일 것입니다.

김 저는 좀 다른 측면에서 군대와 남자의 문제를 제기하고 싶습니다. 사실 병역법에 '대한민국 남자는 국방의 의무를 진다.'는 대목이 군대에서 탈영한 이데올로기라고 봅니다. 과거 시행령에 보면 무정자증 같은 경우는 군대 안 보냈습니다. 4급 판정을 했죠. 그러다 최근에 병역 자원이 부족해지니까 요즘은 3급 현역으로 보냅니다.

오 그 무정자증이 생식 능력을 말하는 건가요?

김 그렇습니다. 이건 병역법 초기 설계자들의 작품입니다. 법에 대한민국 남자라고 되어 있잖아요. 그런데 무정자증은 남성이 아닌 것이죠. 남자로서의 결격 사유가 있기 때문에 군대를 보낼 수 없다고 본 겁니다. 지금은 군대를 가지만 3급이고요. 낙인을 찍는 거예요. 제가 이 문제를 병무청장하고 토론했어요. 옛날에야 군대를 면제 받기 위해서 오히려 본인들이 적극적으로 진단서를 냈죠. 그런데 도대체 왜 아직도 무정자증 같이 이데올로

기적 요소가 병역법에 남아있냐고 물었어요. 그러니까 그 쪽에서 의사 5명을 소집해서 무정자증이 왜 3급이어야 하는가에 대해 토론했는데, 5명이 각기 다른 의견을 제시해 답을 못 내렸다고 해요. 이유가 없는 거예요. 그런데 무정자증이면 스트레스가 많을 것 같아서 3급으로 유지한 것이고요. 그런 이유 때문에 스트레스 받아서 조직 생활에 지장을 초래했다는 사람 얘기를 들어본 바가 없어요. 병역법의 초기 설계자들이 징병제도를 국가가 국민에게 대한민국 남자로서의 일종의 면허를 발급하는 제도처럼 이해한 것이죠. 이런 잔재가 남아있어요.

한　아까 말씀하셨지만 사실 징병제가 만들어지는 게 시민의 권리가 확립되는 과정과 동전의 앞뒷면 같은 관계입니다. 우리의 경우 징병제가 사람들을 이민족 지배자(일본)의 침략 전쟁에 동원하는 수단으로 처음 도입되었습니다. 그렇기 때문에 민주적 권리 부분이 하나도 형성되지 않았습니다. 이게 탈영한 군사문화를 사회가 억제하지 못하는 중요한 근거가 되지 않았나 싶습니다.

오　기본적으로 우리는 개병제를 할 수밖에 없기 때문에 생겨나는 부작용들이겠죠. 미국은 거기는 모병제, 지원병제라서 그렇지 않죠.

한　과거에 혼혈도 군대 안 보냈잖아요.

김 혼혈도 안 보냈고 고아도 안 보냈습니다. 주로 서구형 혼혈처럼 외관상 혼혈이 뚜렷한 경우에는 지금도 군대 안 갑니다. 우리같이 제노포비아(xenophobia), 인종주의가 발전한 나라에서는 그 사람을 보호하기 위해서도 한꺼번에 없애기 힘들죠. 탈북자들은 희망자만 갑니다. 다문화 사회라고 하지만 여전히 민족적 순혈주의 내지는 국가가 국민에 대한 권위 부여라는 측면에서 이런 제도들이 남아있습니다. 오홍근 선배님께서 말씀하신 것에 첨언할 것은 '군사문화는 명령의 합법성은 논할 수 있으나, 명령의 정당성은 논할 수 없다'는 거예요. 이게 군대의 문제입니다. 상관의 부당한 지시도 복종하고 따라야 하는 것이고, 단지 상관이 전쟁법이나 어떤 군법이나 또는 어떤 지휘체계 상에서 중요한 규범에 위배되었을 때 합법성의 문제를 제기할 수는 있는데, 그 정당성의 문제는 제기할 수 없습니다.

오 제 사건의 경우에는 지시였습니다. 끝내라고 지시가 떨어져서 결재를 올립니다. 밑에서 1안 "오홍근 일가 몰살해라." 2안 "얘가 기잔데 저녁에 반드시 소주 한잔씩 하고 들어가더라. 술집에 가서 시비 걸어서 얘만 죽여라." 3안 "찾아가서 이놈 혼자만 호되게 혼을 내라." 이 친구들이 얼마나 인체공학에 대해 해박하냐면 혼내라고 하니까 정말 혼낸 겁니다. 허벅지 바깥쪽으로 다리를 34센티미터를 찢었거든요. 다리를. 한 3~4센티미터 정도 깊이가 되게 칼로 그었는데, 안쪽을 그었으면 죽었어요. 동맥을 건드려서. 당시 정보사령관이던 이진백 소장은 부인하고 있는데 3안에다가 결재를 했어요. 동그라미를 쳤어요. 그런 식이니까 부당한 명령이라고 안 하죠.

김　그렇죠. 이게 우리가 전통적인 군대 윤리라고 알고 있는데, 최근에 이 부분이 재해석되고 있습니다. 정당성의 문제도 제기해야 합니다. 지금도 명령을 위반하면 그 자체는 군법 위반입니다. 군법 위반인데 이제 그걸 보완하기 위한 제도들이 많이 개선이 되고 있죠. 지금은 군대에서도 전문화가 진척되어서 소청제도라든지 견제, 균형, 의사소통의 흠결을 보완하기 위한 제도들, 의사소통 기법들이 발전하고 있습니다.

한　부당한 명령이라면 2005년 논산훈련소 인분 사건을 빼놓을 수 없습니다. 훈련 과정에서 중대장이 화장실 청소가 안 되었다고 그 변을 손으로 찍어서 먹게 했는데, 훈련병들이 다 찍고 먹었어요. 그러니까 그 중에서 둘인가가 검지로 변을 찍고 살짝 다른 손가락을 입에 넣었다고 하고, 나머지는 다 찍어 먹었대요. 더 놀라운 사실은 아무도 그 자리에서 중대장한테 이러시면 안 된다고 안했다는 겁니다. 그럼 적당히 소대장이든 선임하사든 눈치껏 '제가 혼낼 테니 중대장님께서는 들어가 계시라'고 둘러대든지, 사후에라도 정식으로 군대 내 인사든 기무사든 헌병이든 어딘가 문제 제기했어야 하는데 이런 과정이 전혀 없었어요. 훈련병들이

나중에 부모들 면회 왔을 때 얘기해서 사회 문제가 되었단 말이 에요.

오 제가 테러를 당한 게 1988년 8월입니다. 그 몇 달 뒤에 민정당 중진들이 노태우 대통령하고 다른 일로 만나는 자리에서 "오 아무개 테러 사건은 안 일어났어야 우리에게 좋은 사건이었습니다"라는 식으로 이야기 했다는 거죠. 그러니까 노태우 씨가 거기서 "제가 대통령으로서도 어쩌지 못하는 경우가 있습니다"라고 했다는 거예요. 말하자면 대통령도 어쩌지 못했던 문화가 군사문화예요.

김 정당성에 대한 논란을 제기하면 안 되는 것, 불합리한 것을 참는 버릇, 그리고 권력관계에 의한 지시와 복종을 군사문화라고 보면 우리는 상당히 정체되거나 지체된 후발주자에 가깝습니다. 선진국의 군대 같은 경우에는 이미 웬만한 부당 지시는 불법적인 지시로 인식이 되고 제도의 측면에서도 지휘관에게 재량권을 무소불위로 그렇게 폭넓게 주지 않거든요. 이렇게 함으로써 문제점들을 개선하고 있는데, 우리 군대의 경우에는 상당히 많은 부분이 법의, 법치의 영역 밖에 존재합니다. 제가 전 세계 징병제 국가를 다 가봤거든요. 스웨덴, 대만, 이스라엘 등에 다녀온 결과 한국 군사문화의 유달리 특이한 점이 하나 있더군요. 바로 간부식당입니다. 지휘관하고 병사가 밥을 같이 안 먹는 나라는 동서양 불문하고 여기밖에 없어요. 다른 곳에선 오늘 사단장이 스테이크 썰면 그 옆에 상사, 중사도 옆에 앉아서 썰고, 저 옆에 병사들도 썰죠. 밥 먹을 때 차별은 찾아볼 수 없어요. 이상하게 한국 군대에서는 식당 외에도 목욕탕이 분리되고 이발소가 분리됩니다. 같이 이발하고 목욕하고 밥을 먹을 수 없는 나라가 한국밖에 없어요. 이게 회사에도 학교에도 아직 남아있습니다. 병영 밖의 군사문화죠. 미군도 장교 클럽이 있기는 한데 그건 일종의 특별한 날 사교를 위해서고, 그런 점에서 부인 클럽도 마찬가지예요.

한 군사문화는 군대 막사 바깥에서도 쉽게 나타납니다. 포항제철 같은 곳은 완전 군대 아닙니까. 그런데 포철에서 군대 갔다 온 사람 박태준하고 몇 명 안 됩니다. 박태준도 포철 4~50년 했고 군 생활은 10년 남짓 했죠. 처음에 같이 데리고 있던 몇 명이 박태준 회장이 군대에서 연대장 할 때 대대장, 중대장하던 사람들이었습니다. 그런데 포철 전체가 군대화되었고, 현대도 비슷합니다. 경비들이 문앞에 서서 두발 단속하고 복장 위반하면 대가리 박게 시키고, 학교에서 복장 검사하고 선도부가 있었던 그 문화가 그대로였어요. 1987년 7, 8, 9월 노동자 대투쟁이라는 어마어마한 사건이 터졌을 때 현대 노동자들의 첫 번째 구호가 두발 자유화였습니다. 민간 회사 직원들, 성인들이 두발 자유화를 첫 번째로 요구하는 웃기는 일이 불과 30년 전 일입니다.

김 민주주의 체제 하에서 전문성은 통제받아야 하거든요. 의사가 법안 정책을 수립하는 게 아닙니다. 교사가 교육 정책을 수립하는 게 아니고, 검사가 사법 정책을 수립하는 게 아니죠. 그렇게 되면 나라 전체가 큰일이죠. 같은 이치로 군인이 국방 정책을 수립하는 건 바람직하지 않습니다.

한 그렇죠. 군인은 전쟁을 수행하는 거지, 전쟁을 할지말지 결정하는 것은 아니지요.

김 그런데 지금도 군사문화가 막사를 탈영해서 정부 부처 중의 하나인 국방부로 탈영해 있습니다. 국방부로 가면 안 되는 겁니다. 현역 최고로 갈 수 있는 자리는 합참이 되어야 하는데, 지금 국방부의 주류가 전부 양복 입은 군인들입니다. 지금 문민 통제가 가장 안 되는 데가 법무부하고 국방부거든요. 이런 집단은 반드시 탈이 납니다. '군사문화가 병영을 넘어가면, 탈영을 세게 하면 반드시 소리가 난다' 이렇습니다.

김 그래서 자체 효율성도 한계효용이 떨어지기 시작합니다. 국가 경영의 정상적인 틀에서 군인이 누락되어 나와서 별도의 국가처럼 보이죠. 군대 내에서는 군인들이 입법, 사법 다 가지고 있습니다. 현역 군인인 군법회의 재판장이 사법권을 가지고 있죠. 군대는 국가 기능을 다 갖고 있는 집단이거든요. 그러다 보니 예외적 집단이고 그걸 보호해 주는 게 국방 정책을 주장하는 군인들이죠. 그들이 분리되어 나가서 바람막이 역할을 하거든요. 지금 폐해 중 하나가 국방의 중장기 재정 정책을 기획예산처, 재정경제부에서 사전 심사받지 않는 겁니다. 다른 공무원들은 국무회의에서 승인이 나야 공무원 증원이 가능한데, 군인 정원은 국방부 장관이 대통령과 협의하면 끝입니다. A4 한 장 결재 외에 어떤 법적 과정도 없습니다. 사법 체계도 별도로 분리되어서 군대 지휘자 밑에 참모로 법무관이 들어가서 판사, 검사를 다하죠. 그 위에 지휘관이 있는 사법 체계를 별도로 구성하고 있습니다. 군대에서 예산, 인력, 법률처럼 중요한 국가 기능이 공교롭게도 예외적으로 작동하고 있는 것이죠.

한　그런 면에서 우리가 민주화를 하고 문민 정부가 들어서고, 이름 자체가 문민 정부이지만 과연 얼마나 문민화되었나 혹은 문민 통제가 과연 되고 있는지가 의문입니다. 민간이 군을 통제하는 게 아니라, '너희는 반란만 일으키지 말고, 쿠데타 일으키지 말고 대신 이거 갖고 놀아라'하며 비싼 장난감 잔뜩 사주며 달래고 있는 것 같아요.

오　우리 사회를 지체시키는 데 결정적으로 역할을 한 게 군사문화죠. 문제는 핵이 되는 깃발 든 놈은 얼마 안 되는데 바람잡이들이 굉장히 많은 겁니다. 그게 이제 카르텔을 형성해서 주변에서 계속 동조하고, 다시 그들이 기득권 세력이 되어서 이권을 위해서 세력을 형성하지 않습니까? 군사문화가 적폐에 이르는 과정에서 큰 역할을 한 게 보수 정당과 정치검찰도 있지만 언론도 빼놓을 수 없다고 봅니다. 저는 이런 언론을 일컬어 '이른바 언론'이라고 부릅니다. 이른바 언론들의 공이 혁혁합니다. 그들이 군사문화하고 어깨동무하고, 정치권력하고 야합하고 여기까지 끌고 오면서 단물 빨아먹었거든요. 한 선생께서 "고생 많이 했냐"고 저한테 물어보셨죠. 사실 아픈 것은 몸보다도 마음입니다. 칼을 맞고, 수십 바늘을 꿰메고, 입원하고 지팡이 짚고 다니고…. 이런 것은 있을 수 있습니다. 그 사건이 딱 터지고 한 달쯤 병원에 있다가 퇴원을 하니까 회사 분위기가 이상하더라고요. 삼성 비서실에서 오홍근 때문에 삼성 망하게 생겼다는 이야기가 들려요. 그때가 한창 방산 수주할 때에요. 1988년의 일입니다.

김 당시 F-16을 도입하는 한국형 전투기 사업, 즉 KFP 사업입니다.

오 그러니까, 삼성 비서실에서 볼 때는 이놈이 그냥 고춧가루를 뿌린 거예요. 그래서 무슨 일이 생겼느냐? 중앙일보 사장이 서울 시내에 수도권에 있는 장군들을 5~6명씩 그룹핑해서 매일 저녁 냉면 그릇에다 맥주 소주 붓고 술 마시며 술대접을 하면서 돕니다. 그리고 그 뒤에 얘기를 들어보면 '저희가 가해잡니다. 이해해 주세요.' 이랬다는 거죠?

한   아, 거기까지 갔어요? 저는 중앙일보, 삼성 쪽에서 굉장히 곤혹스러워서 오 국장님을 한직으론 돌렸다는 얘기까지는 들었지만.

오   그 분이 지금은 돌아가셨습니다만, 이 양반이 그러고 나서는, 신문사 사장으로서 얼마나 속이 불편했겠어요. 수행 직원이 만취한 이 양반 어깨를 끼고 차를 태워요. 그러면 차에 타면서 "야, 우리가 이렇게까지 해야 하는 거야?" 하면서 운다는 거지. 내가 그 얘길 듣고 어떻게나 가슴이 아프던지.

오   인사상으로도 손해를 많이 보았습니다. 분명히 제 차례가 됐는데 특정 부서 부장 발령이 안 나는 거에요. 사장이 한참 바뀐 뒤에야 두어 차례 다른 사람이 부장자리를 거쳐간 뒤 그 부서 부장을 했어요. 이런 문제가 과연 정치권력으로부터 자유, 자본 권력으로부터의 자유가 확보되었느냐는 부분이에요. 또 언론의 자유를 이야기할 때 두 가지 자유 외에 중요한 것은 우리나라의 특수한 환경입니다. 누군지 짐작하시겠습니다만 '숙달된 여론 조작꾼들로부터의 자유'가 있어야 합니다. 지금 누군가 얼굴이 떠오를 겁니다. 언론이 그런 꾼들하고 야합해 가지고 군사문화를 같이 키워 왔던 거죠.

김 아까 말씀 드린 대로 군인이 절대 해서는 안 되는 일을 해왔다는 게 문제입니다. 서구에서 국방부라고 그러면 우리가 알기로는 국민을 대리해서 군을 통제하는 집단으로 알고 있습니다. 근데 우리 국방부는 군을 대리해서 국민을 통제하는 역전 현상이 일어나거든요? 결국은 국방부는 합법적으로 선출된 권력의 위임을 받아서 군을 통제해야 하는데 거꾸로 군을 대리해 버리죠. 일반적으로 민주 사회에서 통용되는 국정의 기본 원리가 다 바뀌어 버립니다. 정부 통제로부터 예산이 빠져나가고 인력이 빠져나가고 사법 정책이 빠져나가고요. 이 모든 기능에서 군이 예외적인 집단인 건 국방부가 제대로 기능하지 않아서입니다. 민주주의 정부에서 국방부의 역할 정도는 사회적 합의가 되어 있어야 하는데 말입니다. 그렇다고 군사문화가 대다수 군인에게 대다수에게 이익이었느냐? 그 반대였거든요.

한 박정희 때 민주주의의 후퇴와 군사문화 확산의 상징적인 사건이 예비군 문제라고 봐요. 이북 특수부대가 청와대를 기습한 1968년 1.21사태 직후 예비군이 만들어지고 한국 사회가 급속히 병영국가가 됩니다. 그런데 김영삼은 예비군 설치되자마자 폐지 건의안을 대표 발의했고, 김대중도 1971년 대통령 선거에서 예비군 폐지 공약으로 돌풍을 일으켰죠. 그런데 두 분이 10년 간 대통령 지낼 때 예비군 폐지의 '폐'자도 안 나왔어요. 베트남전 끝나고 주월한국군사령부 해체하면서 예비군 동원사단 만들어 별자리

유지했는데, 예비군을 폐지하면 이 깡통사단 별자리가 우수수 떨어지니 아무도 그걸 건드릴 생각을 안 했던 거고요. 우리가 비록 문민화되었다지만 민간인이 대통령을 하게 된 데 그쳤어요. 앞에도 얘기 했지만 군대가 우리 사회에서의 자원을 얼마만큼 독점하고 있고 또, 젊은이들의 기회를 박탈하고 있느냐 이런 관점에서 보면 이건 뭐 우리가 하나도 손을 못 대고 있는 거죠.

한 예비군이 확대되는 과정에 월남전 끝나고 난 다음에 그 사람들 돌아오면서 저 군대에 깡통사단 만들어서 이 별자리들 늘리고 대령 늘리고 했는데, 예비군들 폐지하면 정확한 숫자는 모르겠지만 별이 8개 정도 떨어질 거 아닙니까. 깡통사단들 없어지게 되면서, 아무도 그걸 건드릴 생각을 안 했던 거고요. 우리가 비록 문민화되었고 비육사 출신이 대통령 자리에도 올랐지만, 얘기한 대로 군대가 우리 사회에서의 자원을 얼마만큼 독점하고 있고 또, 젊은이들의 기회를 박탈하고 있느냐 이런 관점에서 보면 이건 뭐 우리가 하나도 손을 못 대고 있는 거나 마찬가지죠.

김 제일 아픈 대목은 역시 그 시절에 군에서 무수히 많은 젊은이가 죽었다는 사실입니다. 오늘날에 와서도 사망자 문제들은 참으로 해결이 안 되고 있는데요. 그때 당시, 즉 1980년대 당시까지도 1년 평균 1,000명 가까이 사망했고, 아마 비전투 손실이라고 하는데. 그 전투 임무가 아닌 사유로 사망한 게 1947년 창군 이래 지금 7만 명입니다.

한　한국전쟁 때 희생된 분 빼고 그렇다는 이야기입니다.

오　정규전에서 전투하다 죽은 게 아니고?

김　네. 오늘날에도 100명 정도.

한　1년낭 100멍 정도씩.

김　많이 줄어든 건 사실입니다. 사회가 민주화되는 만큼 감소되어 왔습니다. 그러니까 결국은 이렇게 인간이 사라지면 군대에서는 자원의 손실로써 표기가 되어 왔죠. 그래서 이전에 리영희 선생의 경우도 웬만한 건 놀라지 않는데 군에서 사망자 수치를 보고 6년을 군 생활을 했던 본인으로서도 받아들이기 힘들다고 하셨고요.

한　이 수치가 알려진 것도 최근이라고 봐야죠. 1990년대나 2000년대 초반에 가서야 일부만 알려졌죠. 70년대 말 80년대 초반의 통계가 한 10년치 정도가 돌아다니다가, 군의문사위원회를 하게 되면서 국방부가 자료를 그제야 정식으로 보냈는데, 살펴보니까 6만 명이 넘는 거예요. 참 가슴 아팠던 게 군의문사위원회에 진상 규명 신청을 한 숫자는 600건에 불과합니다. 부모 입장에서는 내 새끼가 자살했을 이유가 없는데, 다 의문산데 정작 군의문사위원회에 신청한 사람은 6만 명 중에 600건이에요. 해결되고 밝혀질 것으로 아예 믿지 않는 거죠.

오   죽여 놓고 거세게 항의하면 그걸 순직 처리한 것이 최고 대우죠.

김   그 순직 처리도 말이 많습니다. 그런데 대부분 자살로 조작이 되었던 거죠. 자해한 자살 처리자도 순직 처리하는 법안이 현재 국방위에 계류 중에 있습니다. 이런 많은 죽음과 고통의 원천이 군대라는 거죠. 군대를 갔다 와도 남자가 꾸는 가장 자주 꾸는 악몽이 군대 다시 가는 꿈이라 합니다. 대부분의 남자들이 그렇습니다.

한   제가 그 군사문화 비판 글을 쓰고 활동한 다음에 군대 꿈을 안 꿔요.

김   음. 치유가 된 거네.

오   발산을 한 겁니까?

한 그렇게 된 것이라 생각해요. 저는 남영동 대공분실에 잡혀갔다가 바로 군대로 직행을 했기 때문에 보통 말하는 신체검사하는 꿈은 꾼 적이 없습니다. 바로 군대에 가서 시작하는 꿈을 가끔 꾸죠. 그런 날은 아주 기분이 더럽죠. 그러다가 군사문화를 비판하고 그런 글을 쓴 후로 그 꿈을 거의 안 꾸고 있어요.

김 저는 그 말씀이 인상적으로 들리는군요. 오늘날은 정도가 많이 약화되었다고는 하지만 어떤 필설로도 형언할 수 없는 가장 큰 트라우마가 군대 다녀오기 전후에 작용합니다. 게다가 대부분의 남자들은 군대에서 사망사고를 대부분 목격했습니다. 죽이는 장면을 봤거나 대부분 죽는 걸 목격하죠. 그걸 감히 어디 가서 말도 못하니 얼마나 상처가 깊겠어요. 자식을 군대 보낸 부모도 거기서 벗어날 수 없습니다. 그동안 군사주의, 군사문화를 이야기하면서 그 고통의 깊이가 얼마나 깊던지. 사실 그런 고통이 얼마나 되는지 알 수도 없고 헤아리기도 힘든 문제거든요.

한 사망사고 문제 외에도 또 하나가 있습니다. 요즘 미투운동이 활발하게 벌어지는데, 저는 서울서 남자고등학교를 나왔지만 대학에 가서 문화 충격을 받았어요. 그 다음에 군대 가서는 훨씬 큰 충격을 받았어요. 여성에 대한 비하와 정복의 사고가 고참에게서 졸병으로 전수되는 겁니다. 예컨대 이런 거죠. '여자가 싫다고 하는 건 다 내숭이다.' 그리고 '여자는 정복되어야 한다.' 한국이 전 세계에서 압도적으로 성범죄율이 높은 게 사실은 군대문화하고 밀접한 관련이 있습니다. 군대를 다녀온 아버지, 군대식으로 운영되는 학교, 군대 갔다 온 선생님, 군대 갔다 온 동급생, 남자친구들, 그리고 군대에 가야 하는 자식. 이런 사회 구조 속에서 여성들도 여성 비하나 힘으로 해결하는 분위기의 피해를 겹겹이 받고 있습니다.

김 하나의 인간으로서 성장하기 위해 군대를 간다고 하는 것이 대부분의 남자들에게는 슬픈 일이거든요. 어쩔 수 없는 슬픈 경험입니다. 그 슬픔도 이해는 해줘야 될 것 같아요. 사실 군대 갔다 와서도 평생 트라우마가 잠재된 건데 이건 국가적인 불치병 수준입니다. 이런 부분들을 몰라준다고 생각하는 남성들이 여성에 대해서 또 보복하는 거거든요.

한 그런 문화 충격이 이런 거죠. 고부 갈등을 마누라가 하소연을 해도 군대 갔다온 남자가 보기에는 우리 어머니가 잔소리를 좀 하기는 했어도 자고 있는데 톡톡 깨워서 집합을 시켰나, 치약 뚜껑에 대가리 박아를 시켰나, 좌로 굴러 우로 굴러를 시킨 것도 아니고 조금 잔소리한 걸 가지고…. 이런 식의 남자들은 그런 문제를 몰이해하게 되는 거고요. 남혐 여혐 해서 남녀갈등이 심각한데 그 근원에 군대 문제가 자리잡고 있어요. 남자들이 제일 분노하는 부분이 여성들이 군대 갔다온 걸 남성들의 특권으로 이야기하는 거예요. 여자 입장에선 군대를 안 갔다 왔단 이유로 차별받는 거고요. 남자들은 거꾸로 군대 가서 뺑이 치다가 왔단 말이에요.

김　그것은 우리가 가끔 술을 마시는 것은 약간의 일탈을 통해서 해소하는 거잖아요. 군대 얘기는 이런 군대에서의 슬픔이나 상실감 같은 걸 하나의 이야기로 재구성함으로써 극복하는 것이죠. 군대에서 축구한 이야기가 자꾸 나올 수밖에 없습니다. 자기 이야기를 재구성해 보면 그제서야 좀 떨어져서 볼 수 있고, 그럼으로써 그걸 극복할 수 있는 마음의 힘이 충전되는 겁니다. 거꾸로 어떤 남자들은 여자들 맨날 집에서 연속극 본다고 뭐라 그럽니다. 아침에 설거지 끝나면 주구장창 연속극 본다고 뭐라고 하는데 그건 남자들이 술 먹는 거하고 똑같은 이유에요. 이야기에 빠져야 그것이 해소가 되기 때문이거든요. 전혀 다른 언어 체계로 이 군사문화를 남녀가 이야기하는 경향이 있는데, 저는 소통 가능한 언어로 번역되어야 한다고 봐요. 그건 헤아릴 수 없는 상실감이에요. 지나면서 보면 그것이 인생에서 주는 어떤 압박감과 상실감이 해소가 안 되더란 것입니다. 그러니까 자꾸 그 언어로 이야기하게 되는 겁니다.

한　민주화되었다고 하지만, 아직도 대학에서 선배가 후배 얼차려 주고 군기 잡는 군사문화가 널리 퍼져 있어요. 오히려 군사독재 시절보다 심해졌는데, 촛불만 들 것이 아니라 우리 일상의 군사문화를 없애 민주주의를 심화시켜야겠지요.

김　정리하자면 한국에서 군대란 남성에게 깊은 상실로 트라우마라는 어두운 그림자였습니다. 그러나 밝은 쪽으로 개선이 된다면 군사문화는 도전과 성취의 덕목이 될 수 있습니다. 그게 바로 군대 민주화, 군 개혁의 핵심인 것입니다.

오　청산되지 않은 채 군사문화가 적폐가 되는 것을 우리는 보아왔습니다. 그리고 지난 2018년 4.13 지방 선거 때 적폐로 굳어져가던 그 군사문화가 해체될 가능성을 우리는 발견했습니다. 4.13 지방 선거는 국민들이 민주당을 지지한 선거가 아니라 적폐로 남은 군사문화를 응징한 사건이었다고 저는 믿습니다.

1부

테러로 본색을 드러낸 군사문화

출처

· 청산해야 할 군사문화 — 1988년 8월호《월간중앙》

· 민군간의 갈등, 그 실상과 치유책 — 1989년 8월호《월간 한사랑》

· 그래도 지구는 돈다 — 1989년 9월《전언(소言)》창간호

· 부록 1) 확대취재여록 — 1988년 8월 27일《중앙일보》

· 부록 2) 뉴스의 얼굴 — 1988년 8월 28일《중앙일보》

· 부록 3) 취재여록 — 1988년 8월 30일《중앙일보》

· 부록 4) 신군부의 언론통제 사건 조사결과 보고서 — 2007년 10월 25일

청산해야 할 군사문화*

군사문화에 뿌리 둔 시각

후임 대법원장 인선 과정에서 입법·사법·행정 등 3부를 강타한 태풍은 한마디로 군사문화가 완전히 청산되지 않은 데서 빚어진 비극이다. 여론은 (정기승)대법원장 임명동의안이 헌정사상 처음으로 국회에서 부결(1988년 7월 2일)됨으로써 정국이 경색될 것이라고 우려했고, 여소야대 국회에서의 노태우 정권의 험난한 앞날을 염려하는가 하면 또 더러는 사법부 최대의 위기라고 걱정도 했으나, 문제의 핵심은 역시 6공화국의 집권층이 국민과 사법부와 입법부를 보는 시각이 잘못돼 있다는 데 있다. 그리고 그 같은 시각이 바로 군사문화에 뿌리를 두고 있다는 데 문제가 있다.

* 1988년 8월호 《월간중앙》에 실린 이 칼럼이 원인이 되어 테러를 당함 — 편집자

군사문화의 시각에서 보면 이번 사태는 있을 수 없는 일이다. 대통령이 결정해 추천하고자 하거나 추천한 사람을 여론이 왈가왈부하는 것도 우습거니와 국록을 먹는 판사들이 그것도 패를 지어 개혁하자는 성명을 내고 서명운동을 하는 것은 도저히 납득할 수 없는 일이다. 더구나 아직 임관도 안 된 사법연수원생들이 임관 여부의 칼자루를 쥐고 있는 정부를 상대로 어떻게 반란을 일으킬 수 있으며, 그까짓 국회가 감히 누구의 뜻이라고 임명동의안을 부결시킨단 말인가. 문제의 심각성은 그 지엄한 뜻이 한 번도 아니고 자그마치 두 번씩이나 좌절을 맛본 데 있다. 이야말로 '국가 기강을 세우고 사회 안정을 위해' '싹쓸이'를 할 수 있는 충분한 구실이 되기에 부족함이 없다.

이른바 사법부 독립 운운하는 것만 해도 그렇다. 그저 시키는 대로 형량을 선고하고 주문하는 대로 구속영장에 도장이나 꾹꾹 눌러 주면 될 일이지 사법부를 독립해서 무얼 어떻게 하자는 이야기인가. 통치권에 도전하겠다는 이야기인가. 사법부는 군사문화 사령관의 법무 참모쯤 된다는 분수를 망각한 것 아닌가 ─ 그래서 군사문화는 무슨 수를 써서라도 사법부를 장악하고자 한다. 귀찮게 굴어 잡아 넣고자 하는 사람의 구속영장이 판사에 의해 기각되거나 편의상 중형이 선고돼야 할 사람에게 사법부가 행정부의 뜻을 외면한 채 '법과 양심에 따라' 무죄를 선고하는 일이 있어서는 안 되기 때문이다. 각계각층의 빗발치는 반대에도 불구하고 두 차례씩이나 고분고분해 보이는 사람을 사법부 수장으로 밀어붙이려 했던 데서 우리는 그 같은 군사문화의 부분적인 체취를 느끼지 않을 수 없다.

국민의 뜻과는 관계없이 사법부를 좌지우지하고자 했던 발상, 그것이 바로 청산되지 않은 군사문화의 뿌리다. 1987년 '4.13 호헌 조치' 발표 후 살맛 없이 암울했던 시절, 국민들에게 민주화의 희망을 심어 준 것은 '6.29 선언'이었다. 6.29 선언을 업고 노태우 대통령은 (1987년 12월에 치른) 지난번 선거에서 '멋진 정치'를 하겠다고 다짐했다.

야당 측이 6.29 선언은 자발적으로 나온 것이 아니라 '6월 항쟁에 위기감을 느낀 나머지 국민에게 항복한 것'이라고 공격했을 때, 노 대통령은 '국민이 원한다면' 백 번이라도 항복하겠노라고 되받았었다. 또 풀기 어려운 문제가 생기면 궁극적으로 국민의 뜻이 무엇인지를 파악해 그 뜻에 따르겠다고도 했다.

청산되지 않은 군사문화

다시 말해서 6.29 선언 이후 '보통사람들의 시대'를 주창하면서 노태우 대통령은 줄곧 모든 것을 국민의 뜻에 따르겠다는 결의를 기회 있을 때마다 다져 온 것이다. 많은 사람들은 그 같은 그의 다짐을 접하면서 국민을 헌신짝처럼 알았던 군사문화가 청산된다는 꿈에 부풀어 있었다. 그렇다면 이번 일련의 파동에서 집권층은 국민의 뜻에 따라 김용철 씨와 정기승 씨를 대법원장으로 밀었을까. 아닐 것이다. 국민의 뜻이 어디에 있는지를 잘 알고 있었을 것이다. 그렇다면 왜 그랬을까. 바로 더 큰 문제가 거기에 있다. 6.29 선언과 함께 집권층이 세운 기준(국민의 뜻에 따른다)에 벗어난 줄 알면서도 이를 밀어붙인 데 문제의 심각성이 있다. 민심이 그쪽이 아니라는 걸 알고 있으면서도 강행하려 한 점이 '청산되지 않은 군사문화'란 지적을 받는 것이다.

우리는 그것이 흔히 말하는 '5.5공화국이나 6공화국의 한계'라고 믿고 싶지는 않다. 이번 사태와 함께 6공화국이 들어선 이후 이뤄진 일련의 인사를 보면서 왜 5공화국이란 것을 '뒤돌아보고 또 돌아보고' 하는지 오로지 안타까울 뿐이다. 정부·여당은 차기 대법원장을 물색하는 단계에서부터 그랬다.

김용철 대법원장을 유임시키려다 '개혁'을 외치는 소장 판사들의 성명 사태를 맞고는 주춤했으나 또 다른 후보를 찾으면서도 계속 5공화국 쪽을 뒤돌아봤다. 원칙적으로 재조(在朝) 인사를 뽑는다는 전제 아래 여러 후보 가운데 성향, 나이, 출신 지역 등을 판단 기준으로 삼아 한 명씩 배제시켜 나가는 방법을 택했다고 전해진다. 재조 인사를 뽑겠다는 원칙부터가 이른바 '고분고분 성향'이 가장 큰 비중을 차지했음을 시사한다.

그렇게 해서 선택된 정기승 씨는 김종필 공화당 총재와 고등학교 선후배 사이로 알려졌다. 여소야대 국회에서 공화당 표를 끌어들여 임명동의안을 가결시킨다는 얕은 계략은 아니었을까. 그러나 필경 공화당은 마음대로 움직여 주지 않았다. 재야에서 들고일어난 데 이어 사법연수원의 연수생들까지 반대 성명을 낸 것이다.

그게 다 민심의 흐름이었다. 민심을 외면한 채 동의안을 가결시키려다 결국 아니 감만 못한 길로 빠져버렸다. 국민과 사법부와 입법부를 보는 '5공화국에 대한 향수어린' 시각만 노출시키고 말았다. 동의안이 부결된 후 긴급 소집된 민정당 의원총회에서는 제5공화국이라는 것의 초창기 '국보위'(국가보위비상대책위원회)라는 것에서 내무위원장을 지낸 육군소장 출신 전국구의원이 바로 그 군사문화의 필요성을 역설해 주목을 끌었다.

"항간에서 '군대문화를 퇴치하자'는 주장이 있지만, 오늘 같은 결과를 볼 때 그런 말을 할 수 있겠느냐"고 흥분한 것으로 보도되었다. 군사문화에 대한 사무친 그리움을 나타낸 절규였을까, '종전 방식'이 더욱더 좋다는 뜻이었을까. 정보기관원이 야당 의원들에게 덤벼서 약점을 잡아 협박을 하며 돈을 건네주고 했으면 뜻대로 되었을 것이란 이야기였을까. 법원을 드나드는 기관원이 판사를 다스리고 재야 변호사들을 억눌렀으면 성명 같은 것은 애당초 없었을 것이요, 몇 마디 위협을 했다면 언론들도 '되지 못한' 소리를 하지 못했을 것이란 이야기였을까. 그랬다면 얼마나 능률적이었겠느냐는 이야기였을까.

새로운 출발, 민주화

그러나 대단히 죄송스런 말씀이지만 민주주의는 능률 그 자체가 아니다. 합의가 중요하고, 합의에 이르는 과정이 중요하다. 민주화를 표방한 6.29 선언을 기치로 양대 선거에서 국민에게 지지를 호소했던 민정당의 의원총회에서 아무런 거리낌 없이 그 같은 이야기가 울려퍼졌다는 것은 슬픈 이야기가 아닐 수 없다.

동의안이 부결된 뒤 법원 내부에서 나온 판사들의 반응도 관심을 끈다. 소장 법관들과 재야 법조계에서는 '새로운 사법부 탄생을 위한 진통'이라며 "실추된 사법권의 신뢰를 되찾을 수 있는 방안을 적극적으로 모색해야 한다"고 한 반면 일부 중견 법관들은 '정치권에 의한 명백한 사법권의 침해'라고 깊은 충격을 표했다고 전해진다.

우리의 관심을 끄는 대목은 바로 그 일부 중견 법관들의 견해다. '대법원장을 대통령이 추천해 국회의 동의를 얻어 선출하는 방법'이 사법권의 침해라는 이야기인지 '다른 사람도 아닌 대통령이 대법원장으로 추천한 사람을 국회가 거부한 것'이 사법권의 침해라는 이야기인지 확인되지는 않았다.

그러나 만일 중견 법관들의 견해가 후자라면(후자일 수밖에 없을 것이다. 만일 전자였다면 이는 헌법에 이미 명시된 것이므로 헌법 개정 과정에서 의사가 표시됐어야 할 것이다) 이는 심각한 문제가 아닐 수 없다. 대통령이 추천한 사람이면 국회는 군소리 없이 동의해 줘야 한다는 위험스런 발상으로 보이기 때문이다.

그처럼 문제의 핵심을 보지 못하는 법관이 중견의 자리에 앉아 있다는 사실이 우리를 불안하게 한다는 이야기다. 사법부의 독립을 스스로 지킬 수 있는 자질이 있는지 의문스럽다는 이야기다.

돌이켜보면 이 땅의 사법부가 오욕을 뒤집어쓰기 시작한 것은 군사문화가 들어서면서부터였다. 일사불란과 능률만을 추구하더니 국민의 기본권을 짓밟기 시작하면서 장애가 된다고 '재임명'이란 도깨비방망이를 들고 나와 사법부를 초주검이 되도록 두드려 패지 않았던가. 하여 사법부의 수장인 대법원장의 자리에 앉아 있는 사람이 행정부의 뜻을 거스르는 판사를 향해 '국가관이 없는 법관'이라고 질책을 하는 참혹한 사태에 이르지 않았던가.

이일규 대법원장의 취임으로 파동은 진정 국면을 맞았으나 입법부나 사법부나 행정부 모두가 다시는 추악한 역사를 되풀이하지 않겠다는 굳은 결의가 필요한, 지금은 그런 시점이다. 특히 집권층은 이번 사태를 계기 삼아 근본적으로 시각을 교정할 필요가 있다. 그동안 우리가 누차 강조했듯이 오욕에 찬 과거의 완전한 청산 없이는 새로운 출발이란 기대할 수 없다. 새로운 출발은 곧 민주화다. 거듭 지적하거니와 6.29 선언이 추구하는 바도 바로 민주화요, 그동안 양대 선거 등을 통해 노태우 대통령이 줄기차게 역설해 온 것도 바로 국민의 뜻에 따르겠노라는 민주화였다.

최근 사회 이곳저것에서 이런저런 소리가 나는 것도 따지고 보면 상당 부분은 민주화가 되지 않은 데서 비롯된 것이요, 군사문화가 청산되지 않았거나 군사문화가 씨 뿌려 놓은 반목과 불신 등에서 연유하는 것들이다. 왜 군사문화를 '뒤돌아보고 또 돌아보고' 하는가. 총학장실을 점거, 파괴하고 교수에게 발길질을 하기에 이른 최근의 충격적인 대학 사태도 우리는 군사문화의 후유증으로 해석한다.

개탄스러운 노릇

지난날 군사문화라는 거대한 괴물 앞에서는 합리적 대화로 문제가 해결되지 않았다. 그래서 호소가 절규로 바뀌고, 각목과 화염병과 습격이 등장했다. 시민들은 민주화와 군부독재 타도라는 절박한 명분 때문에 그 같은 저항을 당연한 것으로 보았고, 또 박수를 쳤다. 더러는 함께 어울려 화염병을 던지기도 했다.

군사문화는 그렇게 학생들에게 그 같은 행동양식을 길들여 놓았다고 보는 사람도 많다. 그러는 동안 대학은 대학대로 군사문화에 의해 좌지우지되면서 학내 행정의 관료적 분위기 · 비민주성 · 재단 비리 · 교수들의 무능 등이 쌓이고, 신뢰와 대화로 문제를 해결할 수 있는 능력을 상실해갔다. 반목과 불신이 쌓였다.

'민주화'와 '군부독재 타도'를 외치던 학생들은 여건이 바뀌면서 학내로 시선을 돌린다. 그리고 학내 비리에 저항하기 시작한다. 지난 한 학기(1988년 1학기) 동안 전국 4년제 대학(104개)의 54%에 이르는 55개 대학에서 일어난 총학장실 점거 · 농성 사태는 대부분 그렇게 빚어졌다.

그중에는 농촌 활동 지원비를 요구하며 총장실을 때려 부순 서울대의 경우처럼, 대학이나 교수들이 학내 문제의 근본적 개선을 위해 노력하는 도중에 일부 학생들의 난동으로 빚어진 어처구니 없는 사건도 있고, 구태의연한 자세로 학사 행정을 이끌어가려다 학생들과 부딪친 '이유 있어 보이는' 학내 사태도 있다.

우리는 특히 학생들이 민주화를 요구하며 거리를 누비고 있는 동안 적지 않은 대학, 특히 상당수의 사립대학들이 안으로 안으로 비리를 쌓았고, 일부 교수들이 비리에 가득 찬 재단과 야합했던 추악한 사실에 주목한다. 학생들의 과격한 행동에 접하면서 우리가 학생들만을 나무랄 수 없는 이유가 바로 여기에 있다.

그러나 폭력은 안 된다. 명분 없는 폭력이야말로 학생들이 그동안 '타는 목마름으로' 타도하고자 했던 군부독재의 행동양식이라는 점을 깨달아야 한다. 우리는 이만큼이나마 민주화가 이룩되는 과정에서 학생들이 얼마나 고난을 겪어 왔는지에 대해 잘 알고 있다.

그러나 그 같은 '공로'가 폭력을 정당화시켜 주지는 못한다. 그 같은 공로가 있기 때문에 판을 깰 수 있는 권리도 갖고 있다고 착각해서는 안 된다. 학원민주화를 위해 요구할 것이 있으면 정당한 절차를 거쳐 대학당국에 전달해야 한다. 그래도 대학이 묵묵부답일 때는 학생회 사무실 등에서 농성을 하는 정도까지 이해한다 치더라도 총학장실을 점거·파괴하고 교수에게 폭언·폭행을 하는 지경에 이르는 폭력은 절대로 납득할 수 없다.

"총장 ××가 얼마나 독한 ×이면 등록금 거둬 요렇게 만들었나." 최근 일부 서울대생들이 총장실을 부수면서 내뱉은 말이다.

그들은 교수에게 "아줌마는 가라", "살찐 돼지…" 라고도 했다. 학생들은 난동 후 "성공적인 투쟁이었다"고 스스로의 행동을 평가했다고 전해진다. 개탄스러운 노릇이다. 이와 함께 학생 무더기 징계, 뒤를 이은 총장 사표 소동을 접하면서 우리는 탄식을 금할 수 없다.

홀로 서기의 필요성

어느 대학에서는 학생들이 교수·학생이 같은 수로 협의체를 구성해 학사 운영을 논의하자고 요구하며 교수연구실 집기를 들어내고 출입문에 못질을 했다고 보도되었다. 또 다른 대학에서는 기말고사 거부를 선동하며 학생들의 시험장 입장을 방해하는 학생에게 교수가 욕을 했다는 이유로 학생들이 학장실을 점거, "폭력 교수 물러가라"고 요구한 것으로 전해졌다.

또 어떤 대학에서는 본부 건물을 점거 중인 학생들을 설득하기 위해 교내로 들어가려던 교수가 학생들의 발길질에 가슴을 채였으며, 이 같은 사태에도 불구하고 대학 측은 폭력 학생 처벌은 불문에 부치고 대신 △기성회비 예산 심의·결산에 학생 참여 △폭력 교수·어용 교수에 대한 학생들의 조사와 학교 활동 지원 △성적 경고·제적제 소급 폐지 △자치기구 대표에 장학금 지급 등 상상을 초월하는 약속을 했다고 한다.

학생들이 학교 시설 신축과 관련한 비리 해명과 학교 행정 학생 참여 보장 등을 요구하며 학생처장을 연금한 대학도 있으며, 이 대학에서는 학생들이 학교 집기를 꺼내 불태우고 금고를 파괴하려 해 학교 측이 경찰에 고발하기에 이르렀다고 했다. 일부 학생들은 마음에 들지 않는 교수를 어용·무능으로 몰아붙이는가 하면 학생들의 비위를 맞추기 위해 과격한 대학생에게 A학점을 준 교수까지 있다고 전해진다.

학생 폭력은 나쁘다. 그러나 학교와 교수들에게도 문제가 있었다. 그래서 학생들에게 발목이 잡힌 것이다. 앞에서도 잠깐 언급했듯이 이 비극의 원류는 군사문화다. 군사문화는 집권의 정통성을 들먹거리는 학생들의 저항이 싫었다. 그래서 문교 행정의 90% 이상을 시위 막는 데 동원했다. 올바른 소리를 해 학생들에게 영향력을 행사하는 교수를 대학에서 몰아내기 위해 재임용이란 족쇄를 만들어냈다.

군사문화가 만들어낸 재임용 족쇄를 마음껏 활용한 것은 비리 가득한 일부 사학재단들이었다. 연구 실적이나 인격 등은 이미 교수 재임용의 기준이 아니었다. 재단의 말을 얼마나 고분고분 잘 듣고 재단의 일에 얼마나 협조적인지가 재임용의 기준이 되었다.

대학은 황폐해갔다. 일부 교수들도 함께 미쳐 돌아가기 시작했다. 재단은 비리를 들먹이는 학생들의 입을 막기 위해 말 잘 듣는 교수를 통해 돈을 뿌리기도 했다. 일부 교수는 승진 등에 필요한 논문을 대행업체에 돈을 주고 대신 쓰게도 했으며, 일본이나 미국의 원서를 그대로 번역해 버젓이 자기 이름으로 책을 내기도 했다. 10년간 글자 한 자 안 고친 강의노트를 그대로 읽어대는 교수도, 독일어 단어 한 개 모르면서도 교수 임용 신청자가 독일어로 쓴 논문을 태연히 심사해낸 초능력 교수도 있었다. 이런 교수일수록 재단으로부터는 '유능하다'는 평가를 받았다. 보직도 차지했다. 이미 문교부는 이런 데까지 신경을 쓸 겨를이 없었기 때문이다. 그런 데까지 신경을 쓰다가는 군부독재가 유지될 수 없기 때문이었다. 따라서 대학과 교수의 권위는 실종된 지 오래였다.

우리에게는 예로부터 '스승'이라는 고유의 단어가 있다. 일본만 해도 선생 · 사범 · 사장(師匠)이란 말을 썼으나 그들 고유의 말은 아니다. 스승이란 고유의 말을 가졌다는 것은 스승을 소중히 여겼다는 뜻이다. 물론 존경했다는 뜻도 포함돼 있다.

일석 이희승 선생은 그 스승에게는 조건이 있다고 했다. 첫째는 실력이요, 둘째는 가르침에 대한 성의, 셋째는 제자에 대한 애정, 넷째는 인격이라 했다. 양식 있는 교수라면 한번쯤 가슴에 손을 얹고 이 같은 기준에 자신을 대입해 볼 일이다.

오늘날 대학에서 가장 절실한 문제는 교수가 스스로 '홀로 서기'를 하는 일이다. 그렇게 권위를 되찾는 일이다. 하여 한쪽으로는 문교부나 재단 등의 부당한 압력으로부터 대학과 학생을 보호해야 하고, 다른 한쪽으로는 빗나가는 제자들을 꾸짖고 회초리를 들 수 있어야 한다. 그것은 곧 군사문화에 찌들어 황폐해진 대학을 소생시키는 길이기도 하다.

민군간의 갈등, 그 실상과 치유책

C형.

보내 주신 원고청탁서를 받고 저는 한참 동안을 망설였습니다. 우선 '민군간의 갈등, 그 실상과 치유책'이란 제목이 마음에 걸렸습니다. 제목의 뒷부분 '실상과 치유책'까지 쓰라는 이야기는 '민군간의 갈등'이 있다는 것을 전제로 한 주문이기 때문입니다.

C형.

과연 우리에게 민군간의 갈등은 있는 것입니까. 있다면 어느 정도일까요? 제가 망설인 두 번째 이유는 그런 제목의 글을 하필이면 제가 써야 하느냐는 점이었습니다. 주어진 주제에 대한 식견 유무는 둘째 치고라도 형이 아시다시피 저는 1988년 8월, "(병영이 아닌) 우리 사회에서 군사문화를 청산해야 한다"는 글을 썼다

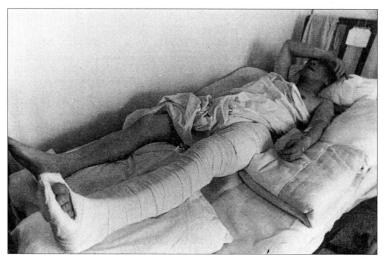
1988년 8월 6일, 출근길에 테러를 당해 왼쪽 허벅지에 중상을 입고 입원한 필자.

가 일단의 현역 군인들로부터 백주 테러를 당했었습니다. 군인이 가해자인 테러의 피해자로 인식된 사람의 글이 과연 독자들에게 얼마나 객관성 있는 설득력을 지닐 것인가 하는 점을 염려한 것입니다.

그러나 C형.

원고청탁서를 받고 저는 안도감도 느꼈습니다. 테러 사건 이후 '민군 갈등을 이대로 둬서는 안 되겠구나' 하고 생각한 것이 혹시라도 저를 포함한 일부의 편견은 아닌지 하는 의혹을 평소 떨칠 수가 없었고, 그래서 민군 갈등이 있다는 것을 전제로 한 원고청탁서에서 저는 '그것이 나만의 생각이 아니었구나' 하는 안도감을 느끼는 것입니다. 하여 테러 사건을 겪으면서 민군 갈등에 대한 안타까움을 피부로 느낀 사람을 필자로 골랐으리라고 자위를 하면서 이 글을 씁니다.

최근 동창회에 참석했던 자리에서 서울 시내 한 중학교의 카운슬러를 맡고 있는 친구로부터 저는 놀라운 이야기를 들었습니다. 그 친구가 들려준 이야기는 이렇습니다. 어느 날 방과 후 한 학생이 상담실을 찾아와 고민을 털어놓습니다. 친구들이 자신을 따돌린다는 이야기였습니다. 그 이유가 놀랍습니다. 바로 아버지가 군인이기 때문이라는 것이었습니다. 그 학생의 아버지는 육군의 고급 장교였고, 그 사실이 알려지면서부터 친구들이 상대도 하지 않고 자꾸만 손가락질까지 해대는 것 같다는 것이었습니다.

제 친구는 그런 이유로 상담실을 찾은 학생이 두 명이나 된다고 하였습니다. 안타까운 이야기입니다. 그 정도의 사례를 갖고 민군간에 깊은 골이 패여 있다고 단정할 수는 없으나 적어도 일부일망정 어린 학생들의 사회에서까지, 이유야 어떻든 군을 꺼리는 일이 있다는 것은 제게 충격이었습니다.

때마침 군 내부에서도 "왜 군을 그런 눈으로 바라보느냐"는 항변도 있습니다. 분명히 문제가 있기는 있어 보입니다. 이 나라 성인 남자 중 군대에 갈 예정이 없거나 군인 아니었던 사람이 거의 없을 터인데도 어디에 문제가 있을까요?

문제가 있다면 원인을 분석하고 매듭을 풀어야 합니다. 민과 군은 상대적인 개념이 아니기 때문입니다. 국민 없는 군대가 있을 수 없고, 군대 없는 국민 또한 있을 수 없기 때문입니다. 우리가 이 갈등이 어디서 비롯됐고, 그 갈등을 어떻게 해소시켜야 할 것인가를 겸허한 자세로 따져 봐야 하는 이유도 거기에 있습니다. 1959년 신광식 씨가 펴낸《대한국군발달사》의 서두에는 '군'을 이렇게 정의하고 있습니다.

"예로부터 병(兵)은 흉기라 하였다. 그것은 폭(暴)을 자행하고 난(亂)을 방(放)하는 것이 병(兵)인 까닭이다. 그러나 폭(暴)을 제거하고 난(亂)을 평정하는 것도 역시 병(兵)이다. 병(兵)은 흉기라 하나 피(彼)가 흉기로써 아(我)를 범할 경우에는 아(我)도 부득이 그 흉기로써 침범하는 것을 항거하며 퇴치하는 이외에 다른 수단이 없다. 이러한 의미에서 폭(暴)을 자행하고 난(亂)을 방(放)하는 병(兵)은 흉기인 반면, 그 폭(暴)을 제거하고 난(亂)을 평정하는 병(兵)은 길기(吉器)가 된다. 이 길기(吉器)의 정신을 떨치는 것이 즉 국방이요 군(軍)이다."

C형.

어찌 보면 지극히 상식적인 이 정의에서 저는 우리가 구해야 할 해답의 상당 부분을 찾을 수 있다고 봅니다. 남북이 대치하고 있는 상황에서 '남조선 적화통일'을 부르짖는 흉기와 맞서 있는 우리 군이 '길기'임에는 틀림없습니다. 그러나 국민들의 눈에 혹시라도 우리 군이 길기의 정신을 떨치는 데 소홀한 것으로 비친 대목은 없겠느냐는 이야기입니다. 다시 말해서 길기의 정신을 떨쳐야 하는 본연의 임무를 제대로 수행하지 못하는 것으로 비친 대목은 없겠느냐는 이야기입니다.

지난날을 찬찬히 돌이켜보면 안타깝게도 그런 대목은 분명히 있습니다. 아픈 매듭으로 남아 있습니다. 대를 이어가며 전횡을 일삼던 고려 때 무신란(武臣亂)까지 들먹이지 않더라도 해방 후 '제주 4.3 사태'와 '거창 양민학살 사건'이 그러했고, 군수 물자와 군량미 등을 대량으로 부정 처분하여 상관에게 헌납함으로써 수많은 장정들을 아사의 지경에 몰아넣은 '국민방위군 사건'이 그러했습니다.

그러나 정작 심각한 상황은 그 뒤에 벌어졌습니다.

5.16. 사람들은 이 땅에 민군 갈등이 있다면 그 시발점은 바로 '5.16'이라고까지 말합니다. 그리고 그것은 '유신'과 '12.12'와 '5.18'로 이어졌습니다. 일부 정치군인들 때문에 민군간의 골이 결정적으로 깊게깊게 패인 것입니다.

절대다수의 군인들이 휴전선에서 길기로서의 역할을 다하기 위해 온갖 고초를 겪고 있을 때 그들은 부도덕한 절차를 거쳐 절대권력자로 등장했습니다. 그러고는 병영 아닌 이 사회에까지 군사문화를 만연시키며 사반세기가 넘는 세월을 지배자의 자리에서 질곡의 역사를 이끌어왔습니다.

사람들은 그 암울했던 시절을 '군부독재 기간'이라 부릅니다. 그 과정에서 광주항쟁이라는 엄청난 비극도 생겼습니다. 특히 이 광주항쟁에 대해서는 많은 사람들인 '군(軍)이 폭(暴)을 자행하고 난(亂)을 방(放)한 것'으로까지 보고 있습니다.

C형.

물론 군사 통치가 이 땅에 뿌린 씨앗 중에는 긍정적인 측면도 있습니다. 우선 군에서 쓰이던 브리핑과 차트는 이 땅의 관가에 행정 혁명을 가져왔습니다. 기업에서도 브리핑과 차트는 가시적인 업적과 일사불란의 능률을 추구하는 데 적지 않은 역할을 했습니다. 그리고 5.16 이후 박정희 씨가 밀어붙인 경제 정책은 이 땅에 '하면 된다'는 자신감을 심어 준 것도 사실입니다. 그러나 '하면 된다'는 대목은 전쟁에서처럼 '과정이야 어떻든 승리만이 최고의 가치'라는 인식에 그 뿌리를 두었고, 권력을 탐닉한 나머지 '하면 된다'는 '나 아니면 안 된다'로 바뀌는 필연적인 코스를 밟았습니다. 군대식 명령과 지시에 대한 절대복종이 필요했습니다. 민주주의식 합의 과정은 일의 추진을 방해하는 비생산적 시간 낭비로 매도됐습니다. 자연스럽게 불도저식 행정도 등장했습니다.

게다가 그런 것들은 "우리는 지금 적의 위협 속에 직면해 있다"는 위기의식으로 포장돼 있었습니다. 그래서 비판의 목소리는 억눌러 숨을 죽이게 했고, 그래도 고개를 들면 직업을 빼앗고 거리로 내몰았으며 수갑을 채워 감옥에 보냈습니다. 더러는 죽음에 이르게도 했습니다. 급기야 자유민주주의는 먼지 쌓인 법전 속에서나 숨을 할딱거렸고 인권이 실종되는 지경에 이르렀습니다.

군사문화는 병영 안에 있을 때 가치를 인정받는 법입니다. 그 같은 특수한 가치가 다양한 가치관으로 개별적인 삶을 살아가야 할 일반 사회에서 바로 그 일부 정치군인들에 의해 획일적으로 강요돼 엄청난 부작용이 생긴 것입니다. 더욱이 그것은 순수한 군사문화만도 아니었습니다. 정권욕이라는 부도덕성을 바닥에 짙게 깔고 있었습니다. 학살로 일컬어지는 광주항쟁에서 그것은 비극의 절정을 이뤘습니다. 권력에 굶주린 정치군인들이, 명령에 복종할 수밖에 없는 군의 특수성을 악용해 부하들로 하여금 찌르게 하고, 쏘게 하여 씻을 수 없는 한을 이 땅에 질펀하게 깔아 놓았습니다.

수십 명이나 되는 아까운 목숨들이 죽었고 그중 일부는 맞아죽었다고 전해지는 삼청교육대도 따지고 보면 사회의 인자들을 법에 의하지 않고 병영의 군사문화 속에 담근 데서 비롯된 비극이었습니다. 비리 척결의 방법 역시 비리여서는 안 됩니다. 순리와 정도(正道)로 풀어야 했습니다. 게다가 삼청교육대에 끌려간 사람들 가운데는 단순히 '밉다'는 이유만으로 붙잡혀 가 말할 수 없는 고초를 겪은 사람도 적지 않았습니다.

C형.

결국 절대권력은 절대부패를 생산할 수밖에 없었습니다. 새마을, 새세대, 일해재단 등으로 일컬어지는 전 씨네 일가의 분탕질은 무엇을 말하는 것입니까. 원래 더러운 곳에는 파리가 모이게 돼 있습니다. 그렇게 전 씨네 주변에 모여든 모리배들도 우리는 기억합니다.

그런데 말입니다. C형. 군에서는 그런 일이 없었을까요? '길기로서의 본분'을 다하기 위해 눈을 번뜩이며 휴전선을 감시하고 있는 절대다수의 장병들에게 허탈감을 심어준 그런 대목은 없었겠느냐는 이야깁니다.

C형.

유감스럽게도 그런 대목은 있었습니다. 출세욕에 급급한 일부 정치군인들의 아류는 그 같은 짓을 했습니다. 선거 때는 그들의 지시에 의해 투표 부정이 버젓이 자행되기도 했고, 정훈교육이란 이름으로 개입해서는 안 될 정치적 사안들이 장병들에게 강제로 주입되기도 했습니다.

1986년 5월 초였습니다. 육군 휘하의 모든 장교, 특히 장성들은 "두 권의 책을 읽고 소감을 써내라"는 육군본부의 지시에 한바탕 법석을 피워야 했습니다. 대부분 벌레 씹은 표정이었습니다만 그것은 '지시'요 '명령'이었습니다.

그 두 권의 책이 《육도삼략》이나 《손자병법》, 《6.25전쟁사》 같은 것이었다면 얼마나 좋았겠습니까. 그러나 그것은 전군에 배포된 《학원급진사상 비판》과 《김대중 정치방황 30년》이었습니다. 전자는 있을 법한 일이라고 치더라도 후자의 경우는 어떻습니까.

세칭 3김 중 한 사람을 후안무치한 정상배로 몰아붙인 편견과 악의에 가득 찬 정치 관계 서적이었습니다.

이 일이 있기 직전에도 그런 일은 있었습니다. K신문에 실린 S대 정 아무개 교수의 칼럼을 "전 장병에게 윤독시키라"는 국방부의 지시가 떨어졌습니다. 정 교수의 글이 전략·전술이나 군 예찬론이었을까요? 아니었습니다. 두 야당 지도자를 일방적으로 매도한 전형적인 정치곡필이었습니다. 1985년 2.12 총선 직전에도 육군에서는 《김대중은 공산주의자이다》라는 '특별 정신교육 교재'를 소대당 1부씩 배부했고, 연대장급 이상 지휘관의 책임 아래 전 장병에게 교육하도록 했습니다. 지시요 명령이니까 따르기는 했겠습니다만, 지시에 따른 장병들이 정치군인들의 이 같은 행패를 어떻게 생각했겠습니까. 과연 애국애족의 길이라고 생각했을까요?

C형.

이 같은 정치군인들의 작태 말고도 군 내부에서는 자체적으로 개선해야 할 문제들도 있어 보입니다. 1988년 10월 국방부가 국회에 제출한 국정감사 자료에는 이런 대목이 있습니다. "80년 이후 최근까지 군부대 내의 군기 사고에 의한 현역 군인 사망자는 2,670명, 안전 사고에 의한 사망자는 3,723명에 이른다"라는 내용이었습니다.

군기 사고에 의한 사망자 중 자살이 2,254명이고, 폭행에 의

한 사망이 290명에 이른다는 것이었습니다. 물론 식구가 60만이나 되다 보니 별의별 일이 다 일어날 수 있겠으나 군기 사고 사망자의 95% 이상이 자살과 폭행에 의한 죽음이라는 사실은 무엇을 말하는 것입니까.

내 자식 내 형제를 군대에 보내지 않을 수 없는 국민 모두에게 혹시라도 불안감을 심어주지는 않았을까요? 그 같은 폭행·살인·자살이 일어나고 있는데도 국민들은 과연 안심하고 '귀한 내 자식'을 군에 맡길 수 있을까요? 또 그런 일들을 보면서 복무 기간을 마치고 사회에 나오는 많은 사람들에게 '군대란 그런 곳'이란 인식이 심어진 것은 아닐까요? 거론하기조차 창피하기 이를 데 없습니다만, 군사 기밀을 빼내 부동산 투기를 한 고급 장교들의 추태를 접한 국민들의 군에 대한 이미지가 어떠했을까요?

C형.

이제 제 이야기를 정리해 볼 차례입니다.

지난해(1988년 8월) 저에 대한 테러 사건이 있고 난 직후 오자복 당시 국방부장관은 국회 국방위원회에서 "군의 진정한 사기는 국민적인 지지와 성원 속에서 나온다"며 군의 사기를 높여 줄 것을 호소했습니다. 이 호소를 맞받아 "국민의 사기가 더 중요하다"는 소리도 나왔습니다. 다 옳은 이야기입니다.

그러나 분명한 건 민과 군의 사기가 서로 상대적이 아니라는 점입니다. 국민과 군대는 둘이 아니라 하나이고, 국민과 군대가 따로따로여서는 안 된다는 점입니다. 앞서도 지적했듯이 국민 없는 군대가 있을 수 없고, 군대 없는 국민이 있을 수 없기 때문입니다. 특히 우리처럼 남북이 대치하고 있는 상황에서는 더더욱 그렇습니다.

C형.

양쪽 모두 사기가 올라가는 방법이 있습니다. 국민과 군이 서로 믿음이란 고리로 연결되면 양쪽의 사기는 저절로 올라가게 돼 있습니다. 어떻게 해야 믿음의 고리로 연결될 수 있을까요?

한눈이나 팔면서 국민을 군대의 국민쯤으로 아는 그런 일부 정치군인들이 다시는 발을 붙이지 못하도록 군이 성숙한 자세를 보일 때 믿음의 고리는 저절로 이어지게 돼 있습니다. 암울했던 시절, 국민과 군을 이간시키며 국민 전체와 군 전체를 갈등체제로 이끌고 간 장본인들이야말로 바로 정치군인들이기 때문입니다.

국민과 군 사이에는 앞으로 이간자들이 결코 끼어들 수 없어야 합니다. 그리고 군은 이와 함께 내부적으로도 더 이상은 자살이나 폭행치사 같은 전근대적인 부조리가 생기지 않도록 뼈를 깎는 노력이 있어야 합니다.

C형.

국민들도 일부 정치군인들이 곧 군 전체의 모습이라고 싸잡아 매도해서는 안 됩니다. 구분해서 생각해야 합니다. 지난날의 정치군인들은 미워하되 국토방위에 전념하고 있는 절대다수의 장병들에 대해서는 감싸 주는 애정을 보여 줘야 합니다.

군은 국민들로부터 사랑받아야 할 집단입니다. 국민의 군대이기 때문입니다. 바꿔 말하면 국민의 군대일 때 군은 사랑받을 수 있습니다. 그 길은 하나, 무엇보다도 '길기의 정신을 떨치는' 본래의 자리를 군건히 지키는 길일 것입니다.

그래도 지구는 돈다

테러는 참으로 희한한 것이다. 당해본 사람이 아니면 모른다. 육신의 아픔은 그것대로 남으면서 정신적으로 사람을 실로 우습게 만든다. 시도 때도 없이 엄습하는 불안감, 하여 모든 행동에 제약을 받으면서 내 스스로가 깜짝 놀랄 정도로 위축돼 있는 자신을 발견하곤 한다.

왜소해지는 나 자신과 '그래서는 안 된다'며 이를 악무는 또 다른 내가 벌이는 치열한 전투가 끊임없이 계속되고, 끝내는 술을 마시지 않으면 잠을 못 이루는 밤⋯. 나는 그날 1988년 8월 6일 이후 병원에 있던 33일간을 제외하고도 거의 5개월여 동안 그런 세월을 보냈다. 그렇게 술기운에 기대어 잠이 들었다가도 꿈속에서 바로 내가 내지르는 비명소리에 내가 놀라 잠에서 깨곤 했다. 악몽의 긴긴 터널은 거기서 그치지 않았다.

그날 이후 내게는 새로운 버릇이 생겼다. 집 문을 나설 때, 회사를 나설 때, 또 집 앞도 아니고 회사 근처도 아닌 전혀 다른 곳에서 택시라도 잡고자 서 있을 때, 나는 거의 본능적으로 주변을 살핀다. 그래야 마음이 좀 놓인다. 가해자 쪽은 바로 그런 점을 노렸을 것이다. 내 생각이 거기에 머물면 이번엔 한없이 불쾌해진다. 오기가 솟는다. 좌우지간 테러는 희한한 것이다. 당해본 사람이 아니면 모른다. 사람을 참으로 우습게 만든다.

누가 뭐래도 1961년 5월 16일 이후 박정희 씨와 전두환 씨로 대표되는 일부 정치군인들이 이 땅에 깔아 놓은 군사문화의 폐해는 재론의 여지가 없다. 그러나 내가 사건 이후 줄곧 안타깝게 생각했던 것은 심신의 아픔은 차치하고라도 온 국민을 놀라게 하고 분노의 소용돌이 속에 몰아넣은 가해자 측의 논리, 국토방위에 전념하고 있는 절대다수 군인들에게 결과적으로 쓰라린 상처를 입힌 그들의 '철학'이었다. 그리고 그 안타까움은 사건 이후 열린 국회 국방위원회와 기소 및 재판 과정 등에서 내내 나를 괴롭혔다. 사건 직후 일부 장교들은 '당할 짓을 했다'는 반응을 보였다.

그럴 수도 있을 것이다. 그러나 사실은 바로 그런 자세가 '청산해야 할 군사문화'다. 현역 군인도 아닌 언론인이 그들 말대로 '당할 짓'을 했다면 우선 나를 법정으로 끌고 갔어야 한다. 그것이 어려웠다면 지면을 통해 국민들 앞에서 정정당당히 논쟁을 벌여야 했다. 그게 군이 내세우는 '명예로운' 방법이다.

'테러범들을 양심범으로 분류할 수도 있을 것'이란 이야기도 들렸다. 1988년 8월 26일 국회 국방위원회에서 그런 이야기가 나왔다. 율사 출신이며 한때 대학 강단에서 법철학을 강의했다는 민정당 이모 의원의 논리였다. 앞서 일부 장교들의 반응은 백번 양보해서 그럴 수 있다고도 보인다. 하지만 대학에서 법철학을 강의한 적이 있는, 자유민주주의를 지향하는 나라의 국회의원이라면, 대단히 외람된 말씀이지만 그럴 수는 없다. 교수의 자질과 국회의원의 품위에 관한 사항이기 때문이다. 하기야 그런 국회의원이 한둘이냐고 묻는다면 역시 그뿐일 수도 있다. 그러나 내가 진정 안타깝게 생각한 것은 가해자들의 사법 처리 과정이었다.

비록 신문사에서 이름 한 자 틀리지 않게 전해 준 인적 사항을 근거로 범인을 검거했을망정 배후가 속속 드러나고 관련자가 늘어났을 때만 해도 나는 바로 이 길이 민군간의 신뢰를 쌓는 일이요, 실추된 군의 명예를 회복하는 길이라고 굳게 믿고 있었다. 그러나 그것은 이내 실망으로 변했다. 일차로 '명령에 따라 범행했으므로' 하사관 세 명은 기소유예로 석방됐다. '범죄를 구성하는 명령은 거부해야 한다'는 상식은 그곳에서 실종됐다. 더구나 그들은 명령에 따르지도 않았다.

1심 재판 과정에서 행동대장 박철수 소령은 "칼로 퇴로를 뚫는 데 필요한 것으로 판단, 휴대하도록 했으나, '범행에는 사용치 말도록' 지시했다"고 진술했다. 그들은 '칼을 사용치 말라'는 명령을 어기기까지 한 것이다. 결론부터 말해서 나의 안타까움은 그들이 기소유예로 풀려나고 또 이규홍 준장과 박 소령 등이 선고유예 판결을 받아 석방된 데 있는 것은 아니다.

그들이 모두 중형을 선고받아 두고두고 감옥살이를 해야 분이 풀리겠다는 그런 철없는 안타까움도 아니다. 진실을 진실대로 밝혀 죄가 있다면 그 무게는 정확히 저울질했어야 한다는 이야기다. 오차 없는 정확한 저울로 무게를 단 연후에 상황에 따라서 에누리도 있을 것이요, 사고파는 사람의 뜻이 맞을 경우 거저도 줄 수 있을 것이다. 무게도 모르고 값이 얼마나 나가는지 따져 보지도 않고 대뜸 에누리를 하거나 거저 주는 것은 상거래 관행에도 있을 수 없는 일이기 때문이다.

이야기가 잠시 빗나가지만 나는 병실에 누워 있을 때 박 소령이 외아들이란 이야기를 들었다. 그때 내 어머니를 생각했다. 칠십 고개를 막 넘기신 홀어머니. 어머니께서는 내 상처를 어루만지며 하염없이 눈물을 흘리시곤 했다. 그런 내 어머니와 외아들이 테러범으로 구속된 뒤 가슴 태울 박 소령의 부모를 생각해 봤다. 퇴원해서 지팡이 신세를 지면서도 아버지 산소에 들렀다가 바로 대전의 박 소령 집을 찾아간 것은 가슴 아파할 그 부모를 위로하기 위해서였다.

그때 나는 속으로 마음을 정하고 있었다. 1심 재판이 끝나면(실형 선고가 확실하다고 믿었으니까) 탄원서를 낼 셈이었다. 일단 저울에 의해 무게가 얼마나 나가는지는 밝혀질 것이고, 그렇다면 항소심에서는 그들의 형량을 낮춰 달라고 재판장께 간곡히 편지를 올릴 계획이었던 것이다. 그러나 그것은 나 혼자만의 사치스런 생각이

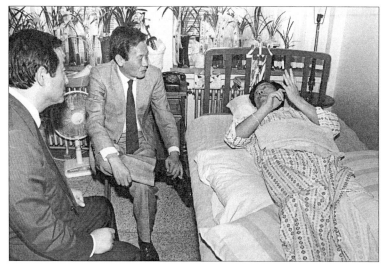

칼에 의해 테러를 당한 펜, 오홍근 기자. 테러 이후에도 트라우마에 시달렸으나 펜을 꺾지 않았다.

었다. 징역 1년에 집행유예 2년. 그들은 즉시 석방됐다. 비난의 목소리들이 쏟아져 나왔다. 안타까웠다.

군의 명예와 군에 대한 신뢰 문제가 각 신문의 사설과 칼럼에 의해 심각한 톤으로 제기되고 있었기 때문이다. 더구나 판결문은 납득하기 어려운 내용들로 채워져 있었다. 어떤 기자는 판결문이 격려문 같다고 비꼬고 있었다.

"귀관이 각종 사회 부조리가 군사문화에 연유한다는 오 기자의 기사 내용은 민족 생존과 국가 보위의 최후 보루인 군의 명예와 사기를 저하시키는 해군 행위로서 결과적으로는 북괴 대남전략의 수행 목표인 민군간을 이간시키는 이적행위로 간주할 수 있다는 판단 하에…"

이 대목에서 나는 간접적으로 '이적행위자'로 지칭되고 있다. 요컨대 '군인의 순수한 우국충정'과 '피해 정도의 경미'가 집행유예를 선고한 이유였다. 과연 피해 정도는 경미한가. 내 상처는 길이 34센티미터에 깊이 3~4센티미터로 모두 35바늘을 꿰맸다. 사건 발생 13개월이 지나도록 100미터 달리기를 못한다. 내가 겪은 정신적인 고통을 빼고라도 '경미'는 아니다. 문제는 거기서 그치지 않는다. 언론계에 준 충격, 국민에게 준 공포감, 선량한 대다수 군인에게 안겨준 허탈감, 이런 것들을 '경미하다'고 판단했다면 그건 오판일 수밖에 없다.

우국충정 운운하는 대목도 그렇다. 테러는 어떤 경우든 비열하고 부당한 범죄 행위다. 아무리 목적이 숭고하고 동기가 순수해도 명예를 최고로 치는 군인, 더구나 고급 장교라면 정당성을 주장할 수 없다. 따라서 성실한 절대다수 군인에 대한 모욕이다. 결코 우국충정일 수 없는 것이다. 그런데도 그들은 항소심에서 선고유예 판결을 받았다.

내가 우려하는 것은 이 판결이 혹시라도 국민들에게 '군대란 그런 곳'이란 인식을 심어 준 대목은 없는가 하는 점이다. 만에 하나라도 민과 군 사이에 틈이 생기게 하지는 않았는가 하는 대목이다. 국민과 군은 일심동체여야 하기 때문이다.

아무튼 사건은 끝났다. 일부 정치군인들에 의한 군사문화의 폐해도 이제는 재론의 여지가 없다. 그러나 그 사건이 그냥 그렇게 먼지 속에 묻혀서는 안 된다. 내일에의 거울로 남아야 한다.

그렇게 완전한 민주화로 가는 과정에서의 한 진통이었다면 내가 겪은 아픔은 오히려 보람일 수도 있다. 완전한 민주화는 완전한 언론 자유에서 비롯된다. 임금님 귀가 당나귀 귀처럼 생겼으면 '임금님 귀는 당나귀 귀'라고 말할 수 있어야 한다. 지구가 도는 것이 확실하다면 '그래도 지구는 돈다'고 자유롭게 말할 수 있어야 한다. 거기에 우건 좌건 폭력은 끼어들 수 없다. 때문에 이 땅에서 언론에 대한 테러는 내가 마지막 피해자이기를 바라는 것이다.

시대착오적 범행 용납 안돼
오 부장 테러… '달라진 세상'이 밝혔다

중앙경제신문 오홍근 부장 테러 사건은 우리 사회의 성숙돼 가는 시민의식과 철저한 직업정신에 의해 백일하에 그 모습을 드러내게 됐다. 현역 군인인 범인들은 사건 보름 전부터 모의하고 전날에는 지형 정찰까지 하면서 '자신들 생각'으로는 완벽한 범행을 했으며 군부대는 한동안 범행을 완강히 부인했다.

그러나 역시 테러당한 오 부장이 지적한 대로 '군사문화식으로' 생각했던지 세상 달라진 것을 몰랐다.

그들은 사건 현장 곳곳에 널려 있는 사건 해결의 열쇠를 애써 외면했다. 그렁저렁 시간을 보내면 신문·방송도 제풀에 지칠 것이고 "한다고 했는데 아무것도 안 보입니다"라고 변명하면 또 다른 미제사건으로 처리될 줄 알았는지 모른다.

그러나 분명 달라진 이 사회는 이를 용납하지 않았다.

30백50만 원짜리 단칸셋방에서 5명의 가족과 함께 어렵게 살지만 그 아파트 경비원은 끝까지 용기 있게 진실을 말했다. 사건 당일 범행 용의 차량을 목격한 이명식 씨(58)는 차량번호를 경비 근무일지에 기록해 둔 뒤 20일 동안 경찰에 7차례, 군 수사기관에 2차례 등 9차례나 불려다니는 홍역을 치렀지만 사실 그대로 자신의 주장을 굽히지 않았다.

경찰이 "혹시 당신이 잘못 본 거 아니냐"고 다그치자 오히려 대질시켜 달라고 떳떳이 요구하고 나섰다.

"아파트 안의 모든 것을 지켜주는 게 경비원인 내 임무입니다. 나는 내 직업에 충실했을 뿐입니다."

한 아파트 경비원의 철저한 직업의식은 사건 당일 새벽 아파트 단지를 순시, '낯선 차'를 발견하고 그것을 근무일지에 꼼꼼히 적어 뒀던 것이다. 아파트 주민들의 차번호는 모두 알고 있다는 뜻이다.

연일 문제 차량의 차량번호·색깔 대질조사 요구가 보도되자 23일 오후 7시 30분쯤 본사에 익명의 제보전화가 걸려왔다.

"매스컴 방향이 왔다갔다 하는 것 같다. 그 사건에 대해 이야기하고 싶다"며 심각한 목소리로 말을 꺼냈다.

"신문에 보도되는 범행 차량번호는 정확하다. 범인팀장은 특수임무부대인 서울 외곽 모 정보부대의 박철수 소령이다. 박 소령은 ROTC 출신으로 그 부대 예하부대장 이모 장군의 직계다. 범인들은 현재 그곳에 그대로 근무하며 출퇴근하고 있다. 오전 8시 출근 무렵이나 퇴근시간에 목격자를 부근에 잠복시키면 범인 모두를 볼 수 있다. 수사에 대비, 엉터리 서류 등 각본을 만들어두고 있다. 위로부터 지시가 있었을 것으로 보인다."

마치 비디오를 틀어 보여주듯이 자세하게 설명한 그 제보자는 부대 위치까지 상세히 가르쳐주었다.

그는 마지막으로 "제대로 샅샅이 파헤쳐주길 바란다"며 신분을 묻자 급히 전화를 끊었다.

본사는 이 충격적인 제보 내용을 이튿날 국방부에 전달, 사실을 확인해 줄 것을 요청했다.

그러자 군 수사기관은 하루 만에 제보 내용과 똑같게 범인들을 밝혀내고 범행일체를 자백받았다고 발표한 것이다.

결국 이 제보가 이번 사건 해결의 결정적 열쇠가 된 것이다. 옛날에도 유사한 사건들이 많았지만 미궁에 빠지고만 것은 이번처럼 결정적 제보가 없었다는 데 원인이 있다.

확실히 세상이 많이 달라졌다. 민주화의식·사회고발의식 같은 것이 두텁게 형성되어 있어 조직의 논리보다 옳고 그름을 가리는 윤리가 우선되는 세상이 된 것이다. 작년 이후 신문사에 들어오는 갖가지 제보들을 들어보면 그것을 실감할 수 있다.

정당이든, 관청이든, 기업이든, 문화단체이든 무슨 불합리하거나 잘못된 일이 벌어질 땐 거의 반드시라고 할 수 있을 정도로 제보가 들어온다.

몇 년 전과는 확실히 다른 양상이다. 이젠 조직의 논리를 믿고 무슨 엉뚱한 일을 못하게 되어 있는 세상이다. 쉽게 말해서 대명천지가 된 것이다.

이번 사건도 분명히 세상이 달라졌는데 그걸 아직 모르고 옛날 생각대로 행동한 데서 빚어진 시대착오적 비극이라 할 수 있다.

그 때문에 자신은 물론 소속되어 있는 조직이나 전체 군에까지 큰 손실을 입힌 것이다.

오 부장 사건에 대한 제보는 계속 들어오고 있다. "더 높은 곳의 두 분이 개입된 것이니 참고로 하라, 그 사람들이 범인이 아니고 모정보기관 사람 등 3명

이 연루돼 있다…" 등등

이런 제보들을 믿고 싶지 않는 심정이지만 지난 번 범인 제보가 기가 막히게 맞아 떨어졌다는 점에서 아주 무시할 수도 없는 형편이다. 시민들은 박종철 군 사건과 부천서 성고문 사건을 생생하게 기억한다.

그 깊숙한 남영동 대공분실 구석방에서 고문 끝에 숨진 박 군의 죽음을, 부천서 조사실에서 한 처녀가 느낀 수치와 고통을 아무도 모를 줄 알았겠지만 결국 모든 게 샅샅이 밝혀졌다.

하물며 오 부장 사건과 같이 백주에 일어난 테러사건이 그대로 유야무야 넘어가리라고 생각했다면 정말 세상 돌아가는 것을 모르고 있다고 할밖에 없다.

지금 우리가 사는 사회는 테러를 당하고도 그냥 침묵으로만 일관했던 어리숙했던 60년대가 결코 아니다.

민주화라는 거대한 시대 흐름 속에서 불의와 거짓을 보면 고발하고 사실을 밝혀내고야마는 성숙돼 가는 사회다.

이번 사건의 해결 동기도 이런 뜻에서 종전의 테러 사건과 분명 다르다. 우선 사건의 배후와 은폐 조작 여부가 명쾌하게 밝혀져야겠지만 성숙돼 가는 민주 사회의 의미를 받아들이는 의식 개혁의 계기로 삼아야 할 것이다.

〈양재찬 기자〉

"한눈 안 팔고 할 일 다 했을 뿐이죠"

오 부장 피습사건 실마리 푼 경비원 이명식 씨

"서울1라3406호 차 엷은 쑥색 06:00~" 아파트 경비 근무일지에 적힌 이 가느다란 볼펜글씨 한 줄이 중앙경제신문 오홍근 사회부장 테러 사건을 해결하는 결정적인 실마리가 됐다.

이 한 줄의 글씨의 주인공 이명식 씨 (58·서울 강남구 청담동 삼익아파트 경비원).

"수사기관에서 '혹시 당신이 잘못 본 것 아니냐'고 다그칠 땐 억울하다 못해 화까지 났습니다. 비록 큰일을 하는 것은 아니지만 어느 한순간도 한눈판 적이 없습니다."

그는 사건 발생 이후 20일 동안 경찰과 군 수사기관에 9차례나 불려다니며 똑같은 진술을 반복하는 곤욕을 치렀지만 끝까지 용기 있게 진실을 증언했다.

79년 12월, 21년 동안 몸담았던 직장이 파산해 이 아파트 경비원으로 일을 시작한 이 씨. 그는 아파트 안의 모든 일에 훤하다. 입주자들의 자동차는 물론 꼬마들의 세발자전거까지 세심하게 챙겨줘 얻은 별명이 '알뜰아저씨'.

경기도 이천 출신으로 고교를 중퇴, 아는 게 많고 음악을 즐겨 듣는 차분한 성품으로 경비원들 사이에서는 '큰형님'으로 통한다.

"직업에 귀천이 없지만 이번 사건으로 경비 일이 주민들의 생명과 재산을 지켜주는 고귀한 업무란 것을 새삼 깨달았습니다."

비가 내리는 데도 순찰을 돌기 위해 초소를 나서는 그의 뒷모습이 그렇게 크고 든든해 보였다.

〈양재찬 기자〉

장군들과 기자 테러

장군들의 지시로 언론인에 테러 행위가 가해졌다는 사실에 대해 어처구니가 없기도 하지만 다른 한편으로 그것이 미칠 영향을 생각하면 걱정이 앞선다.

중앙경제신문 오홍근 사회부장 테러 사건은 처음 소령의 단독범행에서 사령관을 포함한 군 장성 3명의 지시와 조작 은폐로 계속 번지고 있다.

국방의 의무가 신성한 국민의 의무 가운데 하나이듯 군은 국민의 신뢰를 바탕으로 성장해 왔고 앞으로도 마땅히 이를 토대로 지탱해 가야 한다.

그럼에도 군을 통솔·지휘하는 우두머리인 장군들이 자신들의 기분과 집단 이익에 따라 사병들까지 동원, 백주에 칼을 휘두르게 한 것은 국민의 군에 대한 신뢰와 약속을 저버린 중대한 위협이다.

장군, 그 반짝이는 별을 하나 어깨에 달려면 20여 년 동안 그야말로 각고면려(刻苦勉勵)로 치열한 경쟁에서 이겨야 한다.

이번 테러 사건을 사령관으로부터 지시받아 실행에 옮기고 은폐·조작한 두 장군은 지난 1월 1일 어렵게 별을 달았다. 그러나 별을 단지 불과 8개월 만에 본연의 임무와는 전혀 상관없는 일로 불명예스럽게 옷을 벗게 되었다.

본인의 불행은 말할 것도 없고 전체 군의 명예에도 치명적인 손실을 입혔다. 또 한 사람의 장군을 키워내기 위해 들인 공을 생각할 때 국가적으로도 큰 손실이 아닐 수 없다.

지금 우리는 코앞에 닥친 올림픽을 성공적으로 치러내기 위해 서울의 거의 전역과 지방의 주요 도시를 평화구역으로 지정했다. 정치인들도 정쟁을 삼가기로 했다. 대학생들도 올림픽 기간에는 교문 밖 시위를 하지 않기로 했다. 모두가 폭력을 추방하고 평화를 지키기 위해 나선 가운데 사령관을 필두로 한 부대 장군 3명이 연대해 폭력 행위를 저질렀다는 데 대해서는 입이 열 개가 있어도 할 말이 없게 됐다. 가뜩이나 군에 대한 의혹의 눈초리가 많은 세상이다. 군에 대한 국민의 신뢰가 무너지고 또 군의 사기가 떨어질 때 어떤 사태가 날지 생각만해도 두렵다.

물론 관계자들은 법에 의한 처벌을 받을 것이다. 그러나 그것만으론 국민들이 느낀 실망과 배신감을 해소기키기엔 미흡하다. 당장은 다소 고통스럽더라도 사건의 진상을 한 점의 의혹도 없이 속시원히 밝히고 모두가 납득할 만한 조치를 취하는 것 외엔 달리 방법이 없다. 뼈와 살을 깎는 아픔이 있어야 신뢰를 회복할 수 있을 것이다.

〈양재찬 기자〉

국방부 과거사 진상규명위원회

■ 정보사의 오홍근 테러 사건

1) 개요

《월간중앙》 1988년 8월호 오홍근의 칼럼 '청산해야 할 군사문화'의 내용이 군을 일방적으로 매도하는 것이라며 격분한 정보사령부 제701부대장 준장 이규홍이 부하인 박철수 소령에게 악의적인 군 관련 기사를 함부로 쓰면 보복당한다는 경각심을 줄 목적으로 오홍근을 혼내줄 것을 지시하여, 박철수를 비롯한 대위 안○○, 하사 남○○, 김○○, 이○○ 등 부대원들이 1988. 8. 6. 출근 중인 오홍근에게 상해를 가한 사건이다.

2) 사건의 주요 일지

○ 1988. 7. 22.　　이규홍이 박철수에게 오홍근을 응징할 것을 지시

○ 1988. 7. 24.　　이후 박철수 등 오홍근의 주소와 전화번호, 아파트 평면도, 집 주변환경 등 확인

○ 1988. 8. 2.　　박철수, 이규홍에게 범행 준비 완료 보고

　　　　　　　　　이규홍, "치명적인 상해를 입히지 말라"는 범행 지시

○ 1988. 8. 6.　　07:30경, 오홍근 집 앞에서 피습

○ 1988. 8. 9.　　경찰, 용의 차량이 정보사령부 소속임을 확인

○ 1988. 8. 24.　　중앙일보, 제보를 군에 연락. 범인 신병 확보

○ 1988. 8. 30.　　이규홍 등 7명 구속, 정보사령관 보직 해임

○ 1988. 9. 24.　　이규홍, 박철수, 안○○ 구속 기소, 이진백, 권기대, 남○○, 김○○, 이○○ 불기소

○ 1988. 10. 10. 육군보통군사법원 1심 선고(이규홍, 박철수, 집행유예, 안○○ 선고
  유예)

○ 1988. 12. 28. 육군고등군사법원 2심 선고(이규홍, 박철수, 안○○ 선고유예

○ 1989. 1. 12.   이규홍, 박철수, 안○○ 제적[1]

3) 사건의 동기

이규홍은《월간중앙》1988년 8월호에 게재된 '청산해야 할 군사문화'라는 칼
럼 기사를 읽고 사회의 모든 악행과 부조리가 군사문화에 기인한다는 취지의
내용이 군을 일방적으로 매도하고 민·군을 이간시킨다고 생각하였다. 위 칼럼
의 저자인 오홍근을 상징적으로 혼을 내주어 악의적인 군 관련 기사를 함부로
쓰면 보복당한다는 경각심을 주기 위하여 사건을 계획하였다.

4) 사건의 경위

판결문 상에 기재된 오홍근에 대한 상해 사실은 다음과 같다.[2]

– 박철수, 안○○는 1988. 8. 4. 오홍근의 자택인 서울 강남구 청담동 삼익아
  파트 단지 내 상가에서 주변의 건물 배치, 경비원들의 배치, 범행 후 도주
  로 등을 관찰하였다.

– 박철수 등은 같은 달 6. 07:30경 위 장소 부근에 대기하다가 오홍근이 출근
  을 위하여 집을 나서자, 박철수는 범행을 수신호로 지시하고 서울1라 3406
  호 포니2 승용차를 운전하여 근처 한양아파트 옆 도주 집결지로 갔다.

– 안○○와 남○○, 김○○, 이○○은 오홍근을 쫓아간 다음 이우일이 오홍
  근의 오른팔을, 김○○이 오홍근의 왼팔을 잡고 "대공에서 조사할 것이 있
  으니 같이 가자"라고 말하자 오홍근이 응하지 않았다.

– 남○○은 오른쪽 주먹으로 오홍근의 얼굴을 1회 때려 넘어뜨리고, 이○○

---

1 당시 시행된 군인사법(1985. 3. 22. 법률 제4085호로 개정되기 전의 것)에 의하여 당연 제적되었
  다. 군인사법 제10조 제2항 : 다음 각호의 1에 해당하는 자는 준사관 및 하사관에 임용될 수 없다.
  (중략) 6. 형의 선고유예를 받은 경우에 그 선고유예 기간 중에 있는 자.
    군사사법 제40조 : 장교, 준사관 및 하사관이 다음 각호의 1에 해당하는 경우에는 제적한다. (중
  략) 4. 제10조 제2항에 해당하게 되었을 때

2 사건기록철 제12권 제3243쪽, 육군본부 보통군사법원 1988. 10. 10. 선고 88공26 판결.

은 왼발로 얼굴을 1회 차고, 다시 남○○은 오른쪽 양말 속에 소지하고 있던 칼을 꺼내어 양손으로 칼날이 아래로 향하도록 칼자루를 잡고 왼쪽 허벅지를 내리 그었다.

위 상해사실에 대하여 1심에서 이규홍, 박철수는 징역 1년에 집행유예 2년을, 안○○는 선고유예를 선고 받았으나, 2심에서 모두 선고유예 판결을 받아 확정되었다.[3] 다음은 양형 이유이다.

- 위 피고인들은 모두 전과 없는 초범이고, 피고인 이규홍은 25년, 박철수는 13여 년간 성실히 군복무를 해오면서 군 발전에 기여한 공이 적지 아니한 점, 범행 후 지신들의 무분별한 행위로 말미암아 군의 명예와 사기를 크게 실추시키고, 군을 아끼는 국민들에게 큰 실망을 안겨 주게 된 데 대하여 깊이 반성하고 있는 점, 다시는 우리 사회에 이와 같은 일이 있어서는 안 되겠다는 것을 뼈저리게 느끼며 피해자에게 깊이 사과하고 있는 점 등 여러 가지 사정을 참작하여 보면 (이하 생략)

한편 위 상해사실에 대한 은폐 사실은 다음과 같다.[4]
- 권기대는 1988. 8. 8. 17:00 선임자인 이규홍으로부터 서울1라 3406호 포니 2 승용차와 관련되어 있다는 말을 듣고, 18:00경 병기지원부장에게 사고일 전후 위 차량의 운행 사실이 없었던 것처럼 서류 정리를 지시하고,
- 같은 날 19:00경 경비소대장에게 정문 차량 출입 대장에서 8. 4.~8. 8. 사이에 박철수가 범행에 사용한 위 차량의 운행 기록을 없애라고 지시하였고,
- 이진백은 1988. 8. 11. 09:00경 권기대, 이규홍이 있는 자리에서 위 범행 사실을 보고받고도 필요한 지휘 조치를 취하지 않았다.

5) 관련자 진술
피해자 오홍근은 "88년 7월 하순 월간지가 나간 이후 복덕방이라고 하면서

---

3 사건기록철 제12권 제3252쪽, 육군고등군사법원 1988. 11. 12. 선고 88항309 판결.
4 사건기록철 제12권 제3355쪽, 제143회 국회 국방위원회의록 제5호.

이상한 전화가 자주 오곤 했다. 8. 6. 07:00시경 출근하기 위해 주소지인 강남구 청담동 삼익APT 집 골목길을 300~400미터 걸어가는데 당시 육감적으로 싸늘한 생각이 들어 뒤를 돌아보니 뒤에서 츄리닝을 입은 남자들이 따르면서 "오홍근 씨 맞느냐고 하자" 자신은 "아니다"라고 하였고, 순식간에 주먹으로 얼굴(인중 부분)을 정확히 맞아 정신을 잃고 쓰러졌고, 이후 허벅지를 찔렸다. 이상한 낌새를 느낀 아파트 경비원이 뒤를 따랐는데, 경비원이 가족들에게 알려 주어 급히 병원으로 실려 갔고, 눈을 뜨고 보니 병원이었는데 당시 찔린 상처 부위가 34센티미터로 기억하며, 30여 일간 병원에 입원한 것으로 기억한다. 아파트 경비원 이○○이 사건이 나기 며칠 전부터 아파트 주변을 배회하던 수상한 차량을 보고 차량번호를 적어 놓았는데, 조회 결과 바로 군부대 소유 차량임을 확인하였다. 가해자들은 당시 군이 핍박당하고 해서 의분해서 했다고 하는데 의분해서 한 것이 아니고 분명히 상관들이 결정하고 결재한 사건으로 본다. 당시 사령관은 이진백이었고, 3가지 안이 있었는데 1안은 가족 몰살, 2안은 퇴근길 시비 살해, 3안은 출근길 혼내주는 것이었는데 3안을 채택했다고 이후 2군데 경로를 통해서 들었다."라고 하였다.[5]

그러나 이진백은 "당시의 군 내부의 분위기가 '(오홍근을) 혼 내줘야 한다'는 식이었으나 몇몇 애들이 독자적으로 쓸데없는 짓을 한 것이며, 당시 사회 분위기가 군이 밀리는 분위기여서 정보사뿐만 아니라 육본에서도 오홍근을 혼내줘야 한다는 것이 공론이었고, 만일 공작이었거나 계획된 것이었다면 (오홍근을) 감쪽같이 처리를 하지, 대낮에 수위가 보는 앞에서 그렇게 했겠느냐고 반문하며 정치적 흑막이나 사전 계획이 전혀 없었다"라고 진술하였다.[6]

한편 이규홍, 김○○, 남○○ 등은 면담을 거부하였다.[7]

이에 따라 범행 자체에 대한 이진백, 권기대 등의 개입 여부 등은 더 이상 밝힐 수 없었다.

---

5 사건기록철 제12권 제3307쪽, 조사결과보고(오홍근 면담 결과, 2007. 9. 17.)
6 사건기록철 제12권 제3387쪽, 조사결과보고(이진백 전화통화 결과, 2007. 10. 9.)
7 사건기록철 제12권 제3324쪽, 조사결과보고(이규홍 전화통화 결과, 2007. 9. 20.), 사건기록철 제12권 제3306쪽, 조사결과 보고(김○○ 면담결과, 2007. 9. 17.), 사건기록철 제12권 제3312쪽, 조사결과 보고(남○○ 전화통화 결과, 2007. 9. 20.)

■ 결론 및 권고사항

한수산, 오홍근 등 군에 악의적인 글을 언론에 게재하였다고 군에서 판단한 경우, 그와 같은 글을 쓰면 보복당한다는 경각심을 주기 위하여 그들에게 폭행 등을 가하는 개별 사건이 발행하여 언론인들에게 심리적 위축을 주고, 자유로운 언론 활동에 영향을 미쳤다.

(중략)

'중앙일보 언론인 연행 사건(한수산 필화 사건)', '오홍근 테러 사건'의 피해자들에 대한 공개사과*와 보상, 특히 사건의 후유증세로 인하여 사망한 시인 박정만에 대한 추가조사가 이루어져야 한다.

---

* 이 일이 있은 후 30년이 지나도록 정보사령부를 비롯한 사건 가해자 누구도 오홍근 전 중앙경제신문 사회부장에게 공식적인 사과를 하지 않았다. — 편집자

2부
민주주의의 후퇴와
군사문화의 역공

출처

· 검찰 · 조중동 · 청와대… 新삼권분립시대 — 2011년 8월 16일《프레시안》

· 종북좌빨 망국론 간판 걸고 대선 치를래? — 2012년 6월 5일《프레시안》

· 박근혜, 군사문화 대물림 받았나 — 2012년 8월 6일《프레시안》

· 그 무덤에 침을 뱉어라 — 2012년 9월 18일《프레시안》

검찰 · 조중동 · 청와대… 新삼권분립시대

삼권분립이란 다 알다시피 국가의 권력을 입법 · 사법 · 행정의 3
권(三權)으로 나눠 서로 견제하게 함으로써 권력의 남용을 막고,
국민의 권리와 자유를 보장하는 국가 조직의 원리다. 요컨대 3권
이 서로 견제하고 균형을 이루도록 하는 정치 제도다. 불행하게
도 이 나라 현대사는 그 삼권분립이 너무 많이 삐걱거린 역사다.
한쪽의 힘이 너무 거대해서 상호간에 전혀 견제되지 않았고, 때
문에 균형도 이루지 못했다.

　뒤늦게나마 국민의 정부와 참여정부 10년 동안 틀을 갖췄으나,
이명박 정권이 들어서면서 삼권분립은 말짱 도루묵이 되었다(MB
정권은 국민의 정부와 참여정부 10년을 오히려 '잃어버린 10년'이라 한다). '형
님'의 막강한 힘과 '영포라인'의 사조직까지 가세하면서, 청와대
의 권력은 범접할 수 없는 욱일승천(旭日昇天)의 형국을 이루고 있

다. 그 기세 때문일까. 법원 쪽에서는 일부 법관들이 정권 편들기를 했다 하여 국민의 신뢰와 '저울'의 고장 문제가 제기되고 있는 상태다.

국회가 삼권분립의 한 축으로서의 기능을 상실한 지는 오래다. 이 나라 삼권분립은 바야흐로 한없이 비틀거리는 중이다. 국회는 특히 검찰 '앞에만 서면 왜인지 작아지는' 모습을 보이면서, 위상을 스스로 깎아내렸다. 어제오늘의 이야기가 아니다. 절정을 이룬 것은 지난(2011년) 6월의 사법개혁특별위원회(사개특위)의 좌절이다. 여야 의원들이 대검 중앙수사부(중수부)의 폐지에 합의했으나, 검찰이 필사적으로 반대하고 나서면서 좌절은 시작되었다.

중수부 폐지에 대한 검찰의 저항은 실로 상상을 초월했다. "상륙작전 중인 해병대 사령부를 해체할 수 없다"면서, '저축은행 수사'를 멈추는 '파업'을 벌이기도 했다. "수사로 말하겠다"는 협박성 성명까지 발표했다(그때 일각에서는 "그렇지, 국회가 검찰의 사냥터 아니던가" 하는 탄식도 나왔다). 사개특위의 여야 의원들이 합의한 중수부 폐지안이 백지화된 것은 청와대 때문이었다.

대통령의 '반대' 한마디로, '폐지'에 합의했던 여당 의원들이 재빨리 '폐지 반대'로 돌아섰다. 그렇게 우리 사회의 오랜 숙원이던 사법개혁은 물거품이 되었다. 국회는 자기 권위를 지키지 못했다. 켕기는 게 있었는지도 모른다. 경찰에 대한 검찰의 수사 지휘권 행사 문제를 놓고, 그 요건을 '법무장관령'으로 정하도록 합의한 정부 쪽 방안을, 국회가 '대통령령'으로 정하도록 바꾼 것은,

그나마 작을망정 자기 목소리를 낸 대목이었다. 허나 검찰은 그 대목에서도 반발했다. '합의 위반'이라고 고함을 질러댔다.

대통령이 그러지 말라 했는데도 김준규 검찰총장은 사표를 던졌다. "합의가 깨지면 얼마나 큰 결과가 초래되는지 알아야 한다"는 그냥 듣기에 거북스런 소리도 나왔다. 검찰은 역시 '겁나는' 조직이었다. MB는 왜 그런 검찰의 손을 들어줬을까. 대통령 산하의 정부기관인 검찰이 그렇게까지 '별난' 반응을 보인 데는, 대통령도 제어하기 힘든 '까닭'이 있을 것이라고 생각하는 사람들까지 있다. 저축은행 사건에 청와대 핵심 참모가 관련돼 있어, 서로 타협한 게 아니냐는 이야기도 나왔다.

'알아서는 안 될' 것까지 검찰이 다 알고 있기 때문에 빚어진 사태라는 견해를 밝히는 사람도 있다. 여야 합의대로 중수부가 폐지되고, 대신 '공직자비리수사처'라도 생겨서 검찰청을 압수수색하면, '민간인 불법사찰'이건 'BBK'이건 관련 자료가 다 나오게 돼 있다고 핏대를 올리는 사람까지 있었다. 청와대가 검찰의 뜻을 거스르기 힘들었을 것이란 해석이다. 그 힘센 검찰이 지난 5일 또 한 번 막강한 힘을 과시했다.

'저축은행 비리 의혹 진상규명을 위한 국회 국정조사' 특별위원회가 기관 보고의 증인으로 채택한 검찰 간부들이 국회 출석을 거부했다. 검찰총장 직무대행인 대검차장과 대검 중수부장 등 여섯 명에게 동행명령장까지 발부됐으나, 그들은 끝내 나오지 않았다. "수사 중인 사항이어서 형사소추에 영향을 줄 수 있다"는 게

출석 거부의 이유였다. 그러나 여당 의원인 특위위원장은 '불출석은 입법부에 대한 도전'이라 규정하고, 여섯 명을 '국회에서의 증언 감정에 관한 법률 위반' 혐의로 '검찰'에 고발했다.

이 소식을 접한 한나라당 원내대표와 민주당 원내대표는 이미 활동을 종료한 '사법개혁특별위원회'를 다시 구성하기로 전격 합의했다. '중수부 폐지'를 다시 논의하겠다고 했다. 대한민국 국회, 어쩌다 이 지경에 이르렀는가 참으로 애처롭다. 한상대 신임 검찰총장의 '별난' 취임사도 예사롭지 않은 최근의 검찰 모습과 궤를 같이한다. 그는 위장 전입과 병역 문제 등의 논란으로 인사청문회의 경과보고서조차 채택되지 않았으나 임명장을 받았다.

엊그제 그의 취임사 가운데 눈길을 끄는 것은 단연 '종북 좌파 세력과의 전쟁 선포'다. 이 나라 어느 법조문에도 '종북 좌파'란 말은 없다. 그저 MB정부를 비판하는 견제 언론과 진보세력을, '종북세력'으로 매도해 온 보수 언론의 주장과 같은 맥락인 것으로 보인다. 그러나 국법 질서를 어긴 공안사범은 실정법에 따라 처벌하면 된다. 처벌 대상도 못되는 부류를 '종북'이라며 분위기 잡고 겁주는 것은 온당한 일이 아니다. 지금까지 범법 공안사범이 아무 처벌도 받지 않고 있었다면 그 역시 문제다. 검찰에 책임이 있다는 이야기다. '전쟁 선포'의 진짜 의도를 밝히라는 이야기다.

새로운 삼권분립의 시대를 이야기하는 사람들이 있다. 국회·법원·정부를 대체하며, 새롭게 등장한 힘센 권력기관을 일컫는 말이다. 그 첫 번째 자리에 검찰이 있다. 검찰은 삼권분립의 한 축이 되기에 전혀 손색이 없는 모습으로 떠올랐다. 누구도 함부로 어쩌지 못하는 힘을 갖추고, 견제하면서 균형을 이루어냈다. 청와대가, MB가 그렇게 만들어 놓았다.

검찰 외에 MB가 만든 또 하나의 '새로운 축'이 조중동(조선일보·중앙일보·동아일보)이다. 조중동은 종편채널이 확실해질 때까지만 해도 최시중 방통위원장 말을 잘 듣는 '순한 양'이었다. 그러나 모든 게 기정사실로 굳어지고, 첫 방송일이 가까워 오면서, 서서히 MB정권과도 견제와 균형을 이루는 모습을 갖춰 가고 있다.

그들의 힘은 '보도할 가치가 있는' 뉴스를 마음대로 골라잡고, 원하는 방향으로 여론을 가공·조작할 수 있는 기능과 권리를 쥐고 있다는 점이다. 물론 객관적으로 뉴스밸류가 있는 것도 자기들 필요에 따라 자의적으로 깔아뭉개거나, 확대 보도할 수 있는 권한도 갖고 있다. 그러나 결코 무시해서는 안 되는 게 있다. 국민들의 알 권리를 소중하게 받드는 소명의식을 외면해서는 안 될 일이다. 옳고 그름에 대한 분명한 잣대를 지녀야 한다.

신영철 대법관은 촛불 시위 관련자들(헌법재판소의 잇단 결정으로 그들에게는 아무 죄도 없는 것으로 결판났다)에게 유죄 판결을 내리도록 휘하 판사들에게 외압을 행사한 법관이다. 그가 서울중앙지방법원장으로 있을 때 그랬다. MB정권 편들기 위해 그랬다. 그가 2009년 대법관이 된 후, 이용훈 대법원장이 그를 '엄중 경고'로 솜방망이 처벌하자 전국의 판사들이 들고 일어났다. 그때 조중동만은 '신 대법관 구하기'에 나선다.

세 신문 모두 사설을 썼다. 그중 한 사설 제목이 "사법부는 권력만이 아니라 여론 압력에서도 독립해야"였다. 저쪽 '여론 압력'은 받아들이지 말고, 이 '여론 압력'을 받아들이라는 이야기였다. 4대강의 문제나 사법 제도 개혁 문제도 그들 손에 가면 MB정권에 유리하게 포장된다. 그렇게 정권과 상부상조해 왔다. 한두 가지가 아니다.

바야흐로 '검찰'과 '조중동'과 '청와대'가 서로 팽팽하게 새로운 삼권분립의 시대를 열고 있다. '견제'와 '균형'의 모양새도 갖췄다. 그 주변을 뱅뱅 돌면서 '재벌'도 한 다리 끼어들려 한다는 이야기도 있다. 세월이 하수상하면 별 해괴한 일이 다 일어나게 되어 있다. 나라가 정상적으로 굴러가지 않고 있다는 이야기다. 가슴이 콱 막히는 이 답답함을 가눌 길 없다.

바른 민주주의 하는 대통령, 한눈팔지 않는 국회, 법과 양심에 따라 독립하여 판단하는 법원, 중립을 지키며 권한 남용 않는 검찰, 사명감을 지켜가는 공기(公器) — 언론, 지금이야말로 이런 말들의 제자리를 확실하게 찾아 줘야 할 때다.

종북좌빨 망국론 간판 걸고
대선 치를래?

"반공을 반대하는 놈 있으면 나와 보라고 해!"

대한반공청년단의 신도환 단장은 연사가 흥분하면 흔히 그러듯이, 두 주먹 불끈 쥐고 반말까지 섞어가며 청중들에게 악을 썼다. 1959년 12월 6일, 전주공설운동장은 추웠다. 전라북도 내 17개 반공청년단 지부에서 동원된 7,000여 명의 시민과 학생들이 찬바람에 몸을 떨고 있었다. 고등학생이던 필자도 그렇게 '궐기대회'에 참석해 연설을 듣고, 만세삼창까지 한 뒤 시가행진에 나섰던 기억이 있다.

부정선거로 악명이 높은 1960년의 3.15 정부통령 선거를 불과 석 달 남짓 앞둔 시점이었다. 따라서 행사 내용도 "이승만 박사를 중심으로 똘똘 뭉쳐 반공전선을 구축하자"는 것이었다. 대한반공청년단은 반공예술인단(임화수가 단장이었다)과 함께 자유당의 대통령 선거 전위대였다. 단체 이름에서도 느낄 수 있듯이 당시에도 '반공'을 덮어 누를 가치는 없었다.

그러나 주목해야 할 대목은 "사랑은 아무나 하나"라는 노래가사처럼 그 반공은 아무나 할 수 있는 게 아니라는 점이다. 신익희나 조병옥이나 장면 따위의 사람들이 할 수 있는 게 아니었다. 주인이 따로 있었다. 오직 이승만 박사만이 할 수 있는 것이었다. 그래서 나라와 국민의 명운이 걸린 반공을 제대로 해내려면, 3.15 선거에서 이승만 박사가 대통령이 되는 길 외에는 방법이 없었다. 신도환 단장은 바로 그 점을 역설한 것이다.

말하자면, 신 단장이 "있으면 나와 보라"고 한 '반공을 반대하는 놈'은 곧 '이승만 박사를 반대하는 놈'이고, '이승만 박사를 반대하는 놈'은 바로 '반공을 반대하는 놈'이다. '반공'은 말하자면 '안보태세'다. 그 때나 지금이나 정상적인 국민 치고 이를 반대하는 사람 별로 없다. 문제는 반공하는 권리를 '독점'하고 있는 '반공 특권층'에 있다. 그들은 줄곧 그 '특권'을 자신들만의 것으로 독점하며 내려놓으려 하지 않았다.

그러면서도 3.15 부정선거에 저항하던 사람들을 적색분자(빨갱이라고도 했다)라 몰아댔고, 유신 말기 부마사태 때도 그런 소리가 나왔다. 자기들과 반대쪽에 서있는 사람들에게는 본능적으로 색깔을 덧칠해 '빨갱이'를 만들고자 기를 썼다. 박정희 씨도 그 반공 특권을 내세우며 쿠데타를 일으켰다. "반공을 국시의 제일의(第一義)로 삼는다"는 게 '혁명공약' 1항이었다.

그걸 앞세워 '유신'도 감행했고, 그 평계대면서 장기집권을 위해 안간힘을 다했다. 그가 '망전필위'(忘戰必危, 전쟁했던 것을 잊으면 반드시 위기를 맞는다)라는 휘호를 자주 쓴 것도 반공권을 놓지 않으려는 몸부림이었던 것으로 보는 사람들이 많다. 전두환 씨도 그런 부류다. DJ도 광주 사람들도 그런 반공 특권에 쫓겨 빨갱이가 되었다.

'신도환' 이후 반세기가 훌쩍 넘은 지금도 '반공 독점권'은 맹위를 떨친다. 반대파에 대해서는 걸핏하면 '종북'이라 하고 '좌빨'이라고도 한다. 반대(반공)하며 타도해야 할 대상에게 퍼주기를 해서, 그 돈으로 핵실험도 하고 미사일을 개발했다고 선전한다. 그러나 헛소리다. MB정권 들어 퍼주기 전혀 안했어도 북한은 핵실험도하고 계속 미사일을 개발해 쏘아대고 있다. 선거가 임박했으니 그런 소리 더 기승을 부릴 것이다.

진보정당의 국회의원 비례대표 경선 부정의혹 사건이 요즘 당 밖으로 쫓겨나와, 이상한 기류를 타고 엉뚱하게 흘러가고 있다. 그 기류와 함께, 역사상 가장 더러운 수법으로 빨갱이 제조공장을 차려놓고, 미친 바람을 일으켰던 미국 매카시 상원의원의 얼굴이 이 나라 상공에서 무수한 풍선으로 둥둥 떠다니고 있다. 무슨 까닭인가. 매카시 얼굴이 그려진 풍선들에 바람을 넣어 계속 띄워 올리고 있는 건 누구인가.

계속 펌프질하며 바람을 넣고 있는 언론의 모습이 보인다. '종북좌빨 대량 존재 사실' 선전 강조 기간이나, 빨갱이 사냥 촉구 강조 기간쯤 되지 않나 하는 생각이 든다. 온통 나라가 빨갱이 천지가 되어 가고, 간첩으로 득실거리는 느낌을 주는 TV 자막도 보인다. 빨갱이 때문에 나라가 남아 날 것 같지 않은 걱정까지 생긴다. '빨갱이 사냥판'도 벌어진 형국이다.

검찰이 애써 진지한 표정을 지으며 진보정당 사무실을 뒤져 당원명부까지 압수해 갔다. 또한 당시 배울 만큼 배웠음직한 변호사가 TV 생방송 도중, 맞은편에 앉아 있는 대담자에게 "김정일·김정은을 '개새×'라 말 할 수 있느냐, '×새끼'라 말 못하면 당신은 종북세력이다!"라고 소리를 지르는 희한한 광경이 전파를 타기도 했다.

드디어 그동안 '말이 없던 그 사람' MB까지 종북 사냥에 가세했다. "북한의 주장을 그대로 반복하는 우리 내부의 종북세력이 더 큰 문제"라고 했다. 그는 '북한의 주장을 그대로 반복하는' 대표적 사례로 '아웅산 테러 사건'과 '천안함 사건'을 들었다. '둘 다 남한의 자작극'이라는 게 북한의 주장이고, 우리 내부의 종북세력이 북한의 주장을 그대로 따라 말하고 있다는 이야기였다. 그러나 안타깝게도 MB가 예시한 위의 사례들은 둘 다 잘못된 사례들이다.

우선, 아웅산 사건을 북한의 주장대로 '남측의 자작극'이라 믿는 사람은 이 나라에 별로 없다. 설사 한두 사람 그런 경우가 있다 쳐도 귀 기울이는 사람 거의 없다. 명백한 증거가 있기 때문이다.

그러나 '천안함'은 다르다. 이야기가 나왔으니 차제에 다시 한 번 분명히 하고 넘어가야 할 대목이 있다. 천안함 문제는 그 동안 정부가 사람의 '종북좌빨 성향' 여부를 판단하는 '리트머스 시험지'로 활용해 왔다. 허나 '천안함'이 사람의 성향을 객관적으로 정확하게 판정하는 잣대가 되기 위해서는 어느 누구도 이의를 제기할 수 없는 과학적 증거가 필요하다. 정부 측 발표를 믿지 않으면 무조건 종북좌빨로 몰아치는 건 옳은 일이 아니다. 잘못이다.

일반적으로 어뢰에는 알루미늄 가루가 섞여 있어서 폭발하면 산화알루미늄이 형성된다. 국방부 합동조사단이 북한산이라고 한, '1번' 글씨가 쓰인 어뢰가 천안함 선체를 때렸다면, 그 산화알루미늄이 천안함 선체와 어뢰에서 추출돼야 맞다. 따라서 국방부도 천안함과 어뢰 부품에서 추출한 흡착 물질을 분석한 결과 동일한 산화알루미늄이 검출되었으며, 이게 바로 그 '1번' 어뢰가 천안함을 명중시킨 '증거'라고 발표했다.

문제는 그 뒤에 불거져 나왔다. 국방부가 제공한 동일 시료인 흡착 물질을 전문가들이 분석해 본 결과 폭발의 증거라는 산화알루미늄이 검출되지 않았다. '증거'가 사라져 버렸다는 이야기다. 대신 수산화알루미늄 계열인 알루미늄황산염수화물이라는 침전물이 검출되었다.

천안함 선체와 어뢰 부품에서 검출된 알루미늄황산염수화물이란 침전물은 섭씨 100도 이하의 저온에서 생성되고, 폭발 때의 높은 온도가 있었다면 생성될 수 없는 물질이라는 게 학자들의 주장이었다. 말하자면 그 침전물의 '존재'는 폭발이 없었다는 증거가 된다는 것이었다. 때 맞춰 "합동조사단에서 누군가 주도적으로 침전물 대신 산화알루미늄이라는 쪽으로 몰고 갔다"거나 "모의실험 데이터가 조작되었다"는 소리도 나왔다.

천안함 사건 5일 뒤인 3월 31일 천안함이 아직 바닷물 속에 있을 때인데도, 이명박 대통령이 오바마 미국 대통령과 통화하면서 '외부 폭발'이라고 침몰 원인을 단정한 것도 수상하고, 국방부 합조단의 조사 결과 발표를 늦춰가면서까지 MB가 황급히 러시아를 다녀온 데 대해서도, 의혹의 눈길을 보내는 사람들이 있다. 설명이 필요한 부분이다.

시료와 데이터를 분석한 전문가들은 캐나다 매니토바대학 분석실장 양판석 박사, 안동대학 정기영 교수, 미국 버지니아대학 이승헌 교수, 미국 존스홉킨스대학 서재정 교수 등으로, 그들은 지금도 자신들이 제기한 의문에 대해 한국 정부가 '과학으로' 답변해 주기를 고대하고 있다.

이 나라에서는 천안함 침몰이 북한 측 소행이라 믿지 않으면, 종북좌빨이 된다. 종북좌빨이 얼마든지 존재하고 양산될 수 있는 '시스템'이 구축되어 있는 셈이다. 그 시스템에 저촉이 되면 법이나 과학이 뒷받침 되지 않더라도 꼬투리 잡히게 되어 있는 게 문제다. 조용환 헌법재판관 후보자는 그래서 임명장을 받지 못했다.

박근혜 전 비대위원장도 통합진보당 비례대표의원들의 제명을 말하기 시작했다. 곁들여 통합진보당과 연대한 민주당의 '책임'도 거론한다. 종북 문제를 대선에 활용하겠다는 의지로 읽힌다. 방송과 조중동 등도 그래서 더 기를 쓰고 있을 것이다. '통합'

진보당과 민주'통합'당의 이름에 '통합'이란 단어가 함께 들어가 있어 많은 사람들을 혼동시키는 이로운 점이 그들에겐 행운이라는 이야기도 있다.

'종북좌빨 문제 처리'를 놓고 분명히 해야 할 게 있다. 국회의원이 됐건 누가 됐건 국가 안보와 관련해 범법 행위가 적발되면 법에 따라 가차없이 처벌해야 한다. 의원 '자격 심사'라는 절차가 법에 있으면 그 절차도 밟으면 될 것이다. 그러나 지금 일부에서 밀어붙이려 하는 방식의 '인민재판'은 안 된다. 정 하려면 '종북좌빨 세력 발본색원을 위한 특별조치법' 같은 것이라도 만드는 수순을 밟을 생각을 하는 게 도리다.

예전에 자주 활용되던 '선거 앞둔 북풍'도 이제는 재미 보기가 그리 쉽지 않을 것이다. 그래서 '종북좌빨 망국론' 간판 내걸고 대선 치르려 하는 것인지 궁금해 하는 사람도 있다. 그러나 반공독점권이나 좌빨 뒤집어씌우기나 종북 사냥 같은 것들, 지금은 국민들이 다 알아차린다. 그 정도는 충분히 소화해 낼 정도로 국민들이 성숙해 있다.

그보다도 MB와 박근혜 전 비대위원장이 진정으로 이 나라의 미래를 위해 당장 매듭을 풀어야 할 절실한 문제가 따로 있다. KBS와 MBC와 YTN과 연합뉴스와 국민일보의 파업대란 문제를 구국 차원에서 해결해야 한다. 형님을 비롯한 MB 주변 인물에 대한 '청결화' 작업도 시급하다. '서면조사 전성시대' 방식으로 면죄부가 발부되어서는 안 된다. 장개석 군대가 망한 것도 부정부패 때문이었고, 월남이 민심을 잃어 공산화의 길로 접어든 것도 집권층의 부정부패 때문이었다. 경제가 계속 곤두박질치고 있는 이 판국에 국민들의 사기와도 관계가 있는 사안이라는 점도 심각하게 생각해야 한다.

박근혜, 군사문화 대물림 받았나

현역 군인들로부터 필자가 칼부림 테러를 당한 것은, '군사문화는 청산해야 한다'고 쓴 칼럼 때문이었다. 1988년 8월 6일이었다. 24년 전 바로 오늘(이 글은 2012년 8월 6일에 게재되었다 — 편집자)이었다. 그렇게나 오래된 이야기를 오늘 다시 꺼내 드는 데는 까닭이 있다. 그 군사문화가 아직도 청산되지 않은 채, 오늘 이 나라에서 다시 시대적 화두로 떠오르고 있는 이 분명한 상황에 주목하는 사람들이 늘어나고 있기 때문이다.

한마디로 군사문화는 힘으로 싸우거나 지킴으로써 승리를 쟁취하는 문화다. 때문에 상명하복(上命下服)의 일사불란이나 획일성이 중요한 가치가 된다. 때문에 군사문화는 필연적으로, 다양한 목소리가 보장되는 민주주의 체제에 불편함을 느낀다. 때문에 군사문화는 민주주의 체제를 싫어하는 '태생적 한계'를 드러낸다.

다양함에 대한 그런 혐오감이 하나의 사건으로 표출된 게 언론의 입을 틀어막고자 한, 필자에 대한 '오홍근 부장 테러 사건'이었다.

해방 후 이승만 씨가 건강한 민주국가 건설에 재를 뿌린 뒤, 4.19 혁명으로 민주주의 싹이 돋아나기 시작할 무렵, 장면 내각이 출범한 1960년 8월 19일부터 불과 9개월 만인 1961년 5월 16일, 이 땅에 군사문화는 점령군으로 짓쳐들어왔다. 이 나라 현대사의 멱살을 잡고 흔들기 시작했다. 다 알다시피 군사문화의 원조는 그래서 박정희 씨다. 전두환 씨가 뒤를 이으면서 "군사문화는 견딜 만한 것"이고, "(일부 계층이지만) 협조만 잘하면 혜택도 돌아간다"며 국민들을 학습시키기까지 했다.

그러나 군사문화는 병영(兵營) 안에 있어야 했다. 그게 군부대 울타리를 넘어 밖으로 나오면 소리가 나게 되어 있다. 5천만 명의 국민이 사는 나라에서는 5천만 가지의 목소리가 나올 수밖에 없다. 서로 다른 그 많은 목소리들을 한 줄로 세워, 제식훈련하듯이 이끌고자 하는 게 군사문화다. 10월 유신에서 박정희 씨가 표방한 이른바 '능률 극대화'도 그런 류(類)의 것이었다. 허나 그것은 무리였다.

5천만 가지 목소리 가운데 최대공약수를 살펴 짚어가는 게 순리이고, 그게 민주적 절차였다. 그러나 그들은 과정에서 수단과 방법을 가리지 않았다. 한없이 잔인무도하고 야비하기까지 했다. 필자에 대한 테러 실행 방안을 놓고서도, 행동대원들이 상부에 올린 세 가지 안(案) 가운데 제1안은 '오홍근 가족 몰살'이었다.

당시 필자가 받았던 협박 편지

　결재 과정에서 지휘관은 고맙게도(!) 제3안을 택해 주었다. 그게 '혼내 주라'는, 왼쪽 허벅지 도륙이었다. 깊이 3~4센티미터에 길이 34센티미터의 깊고 큰 상처가 나도록 칼질을 했는데도, 고등군사법원은 '군을 아끼고자 한 충정'과 '피해자의 피해 정도가 경미한 점'을 참작한다며, 주요 관련자 전원에게 선고유예 판결을 내렸다. 당당함을 외면한 비겁한 판결이 아닐 수 없다. 그런 게다 병영 밖으로 무단 외출해 국민들에게 보여준 군사문화의 본모습이었다.

　때마침 88올림픽이 진행되거나, 이른바 민주화 과정에서 이런저런 사회적 이슈가 터져 나와 국민들의 관심이 그 쪽을 뒤쫓는 사이, 그들은 태연히 그렇게 일을 처리했다. 그해 연초《월간중앙》에 칼럼을 연재하기 시작하면서부터 필자는 숱한 협박 편지와 협박 전화에 시달렸다. 그것들이 대부분 군(軍)에서 보낸 것들이었음에도 그들은 거들떠보지도 않았다.

필자 테러 사건이 터지면서 소리 없이 가슴앓이를 한 곳이 따로 있었다. 삼성이었다. 때마침 군이 발주하는 방산무기 수주와 관련해 대기업들이 총력전을 펼치던 무렵이었다. 삼성 산하 중앙경제신문의 일개 부장이 군의 심기를 불편하게 하는 글을 써, 골치 아픈 부스럼을 만든 게 문제였다. 삼성이 중앙일보에 무슨 이야기를 어떻게 했는지는 몰라도, 이윽고 중앙일보에서 이상스런 작업이 소리 없이 추진되고 있었다.

한참 뒤에야 '피해자 측이 오히려 잘못했노라고 빌고 다닌' 충격적인 사실을 알고 필자는 경악했다. 사장 등 최고경영층이 군 고위 장성들을 그루핑해 거의 매일 밤 술자리를 마련하고 사과를 했다는 것이다. "우리가 가해자"라며 "이해해 달라" 했고, 장성들은 그래도 분이 안 풀린다는 표정으로 술잔을 기울였다는 이야기가 필자의 귀에까지 들렸다.

밤늦게 술자리가 파하고 승용차에 올라탈 때마다, 사장은 울었다고 했다. 술에 취해 몸을 제대로 가누지 못하는 그를 부축하던 수행 직원의 증언이다. "우리가 이렇게까지 해야 하느냐"며 가슴을 쳤다고 했다. 만감이 교차하는 '신문사 사장'의 울부짖음이었을 것이다. 지금 그분은 고인이 되어 있다. 생각하면 가슴이 아려온다.

그분이 중앙일보를 떠난 뒤, 회사는 한동안 필자의 인사 문제를 사전에 군부의 동의를 얻어 처리하고자 했다. 예컨대 "오 아무개 이번에 A부 부장으로 옮겨도 괜찮겠느냐"는 식의 협의 과정이 여러 차례 이루어졌고, 그때마다 나온 "안 된다"는 군부의 답변 때문에, 필자는 오랫동안 A부 부장자리에 갈 수 없었다. 신문사의 부장 인사를 군대의 결재를 받아 시행하고자 한 것이었다. 당시 사원들은 다 안다.

심지어 그동안 쓴 칼럼을 모아 책을 출간할 때도, 회사에서는 '청산해야 할 군사문화'란 제목을 달지 못하게 했다. 병실에 누워 있을 때까지만 해도 필자는 '정치권력으로부터의 자유'만 보장된다면 언론은 번듯하게 바로 설 수 있다고 굳게 믿고 있었다. 그러나 '피해자 측이 빌고 다닌 상황' 이후 필자는 정치권력으로부터의 자유 못지않게 '자본권력으로부터의 자유'가 중요하다는 사실을 절절히 깨달았다.

MB도 최시중 씨를 앞세워 그런 약점을 악용해 비열하게 언론의 숨통을 조인 것을 우리는 목도했다. MB가 국민 우습게 본 것 또한 그런 선배 대통령들의 군사문화에서 배운 것임도 우리는 안다. 그런 군사문화가 이 땅에 발을 붙인지 반세기가 지나고, 필자에 대한 테러로부터도 거의 한 세대가 돼가는 요즘, 다시 주목 받고 있는 것은 한국형 신화요 비극이 아닐 수 없다.

특히 올해(2012년)는 대통령 선거가 있는 해다. 내년(2013년) 2월 25일이면 새로운 대통령이 취임한다. 새로운 대통령이 취임한다는 이야기는 달리 표현하자면, 지금까지와는 다른, 새로운 시대가 열린다는 말도 된다. 그 새로운 시대를 맞게 될 새 대통령이 어떤 생각을 갖고 있느냐 하는 건 그래서 초미의 관심사일 수밖에 없다. 이 중차대한 시기에 이 나라 여당인 새누리당의 유력한 대통령 후보 박근혜 의원을 놓고, 군사문화를 연상시키는 여러 우려들이 쏟아지고 있어 주목되고 있다.

그녀와 관련해서는 물론 좋은 이야기들도 많다. 허나 새누리당 안에서조차 여러 소리가 나오고 있는데다, 박 의원 본인의 언행에 객관적 사실까지 겹쳐 바야흐로 심각해질 가능성까지 엿보이고 있다. '사당화(私黨化)'니, '불통'과 '독선'의 리더십이니, '일사분란'에 '유신 회귀', '수렴청정 대왕대비'란 소리도 들린다. 이런 것들은 주변에서 하는 이야기들이지만, 박 의원 자신도 '5.16'이 구국의 혁명이라는 것을 전 국민의 50% 이상이 지지하고, 유신헌법을 80% 이상의 국민들이 찬성했다는, 터무니없고 기막힌 소리까지 서슴지 않고 있다.

유신헌법이나 유신헌법 재신임 안건이 국민들의 압도적인 지지를 받은 것은 적어도 사실이다. 그러나 이와 함께 그 국민투표가 정당한 절차와 공정한 분위기 속에서 치러졌다고 믿는 사람이 거의 없다는 것 또한 사실이다. 국가비상사태와 계엄령이 선포되기도 하고, 투표 안건에 대한 찬반 운동까지 금지된 서슬 퍼런 분위기 속에서 투표가 진행되었기 때문이다. 그게 다 국민투표에서 패배할 가능성을 '원천 봉쇄'해 놓고 벌인 작태였다. 바꿔 말하자면 '승리'가 100% 보장되도록 판을 짜놓고 밀어붙인 군대식 '작전'이었다.

박근혜 의원은 그걸 모르는 사람이 적지 않으리라 보고 우겼는지 몰라도, 대통령 되겠다는 사람이 다른 것도 아닌 유신헌법과 관련해 그런 거짓을 함부로 말하면 안 된다. 박근혜 의원의 태생적 체질에 아버지 박정희 씨의 군사문화가 혈맥을 타고 흐른다는 이야기는 그래서 나온다. 군사문화식 고집을 부린다고 되는 세상이 아니다.

새누리당의 대선 후보를 결정하는 방법에 대해 전 국민의 70% 이상이 완전 국민경선제를 찬성했다. 다른 경선 후보들도 그것을 요구했다. 그러나 박 의원은 단호히 거부했다. 사람이 원칙과 룰(rule)에 따라 가야지, 사람에 맞춰 원칙과 룰을 바꿀 수 없다는 입장을 굽히지 않았다. 그러나 분명히 말하자면 박근혜 의원의 '원칙'에 대한 견해는 군사문화식 견해다. 군사문화에서 패배는 용납되지 않는다. 경선 방법을 바꿀 경우 만에 하나라도 생길 수 있는 경선 패배 가능성을 원천 봉쇄하기 위해 박 후보는 '원칙론'을 고수했을 것으로 보는 전문가들이 많다.

대다수 전문가들의 견해는 논의·타협하는 과정을 거쳐 많은 사람들이 원한다면, "원칙도 바꿀 수 있다는 원칙"이 더 중요하다는 쪽이다. 그게 '원칙'이라는 말에 대한 민주주의식 해석이라 했다. 합리적이고 타당성이 있다면 바꿔야 한다는 말이다. 국민경선제에 대한 문제도 처음부터 사고방식을 달리했다면 지금 같은 '망신스런 경선' 사태는 충분히 피할 수 있었을 것이다.

지난달(2012년 7월) 정두언 의원 체포동의안 처리 과정을 전후해서 드러난 박 의원과 새누리당의 행태에서도, 그녀와 그 정당이 섬기고 있는 문화가 바로 전형적인 군사문화였음이 그대로 드러났다. 국회 복도에서의 박 의원 말 한마디로, 체포동의안이 부결된 정두언 의원과 사퇴하겠다는 이한구 원내대표의 가야 할 길이, 본인들이나 의원들의 뜻과는 상관없이 미리 결정되었다. 박근혜 '사령관의 명령'에 따라 두말없이 그리 되었다.

그녀가 복도에서 기자들에게 그 문제에 관한 '속내'를 말하는 사이, 의원총회 회의장에 있던 새누리당 의원들은 스마트폰으로 박 의원의 발언을 검색해 서둘러 문자를 주고받느라 법석을 피웠고, 당 지도부도 그녀의 '뜻'을 받들어 결론을 내렸다고 했다. 새누리당 지도부나 의원들의 '좌우지간 바빴을 광경'이 눈에 선한 대목이지만 사실은 그게 다 박근혜 의원이 '그러도록 만들어 놓은 것'이라 보는 게 맞다.

아버지 박정희 씨 못지않은 그녀의 군사문화가 지금 새누리당에서 맹위를 떨치고 있다. 원조 박정희 씨로부터 흘러온 군사문화가 그의 딸 박근혜 의원을 통해, 획일적으로 일사분란하게 새누리당을 흠뻑 적셔 놓았기 때문이다.

제대로 된 민주주의를 해야 한다며 기를 쓰고 노력한 기간이 건국 이후 10년밖에 되지 않는 나라, 군사문화가 더 좋다고 섬기는 사람들이 그 10년을 '잃어버린 10년'이라 말하는 나라, 우리도 민주주의 한번 본 좋게 해봤으면 좋겠다. '청산해야 할 군사문화'

란 칼럼을 썼다가 식칼 테러를 당한 필자가 그로부터 24년이 지난 지금 다시 군사문화를 청산하자는 글을 쓰고 있다. 참으로 감회가 한없이 착잡하다.

그 무덤에 침을 뱉어라

법정은 일순 숨소리 하나 들을 수 없을 정도의 침묵 속에 빠져들었다. 2006년 12월 23일, 서울중앙지방법원 형사합의부 문용선 재판장은 그 침묵을 깨고, 31년 8개월여 전 이른바 인혁당재건위 사건으로 죄 없이 목숨을 빼앗긴 여덟 명의 이름을 한 사람씩 부르기 시작했다.

"피고인 도예종, 서도원, 하재완, 이수병, 김용원, 송상진, 우홍선, 여정남에 대해 판결을 선고합니다. 원심을 파기합니다. 피고인 각 무죄!"

거의 동시에 이곳저곳에서, 참고 또 참아 왔던 진하디진한 흐느낌들이 흘러나오기 시작했다. 흐느낌은 금세 통곡이 되어 법정을 휘감았다. 민주화된 세상이라 예상되던 재심 판결이었으나, 막상 판사의 육성으로 듣는 "무죄" 소리가 유족들은 기막히게 서러웠다. 31년 전에 들었어야 할 선고였다. 그날 그 법정에서는 유족이 아닌 이들도 모두 울었다.

이 판결은 검찰이 법정 항소 시한인 1개월을 넘기면서, 상급심 항소를 포기함으로써 2007년 1월 23일 최종 판결로 확정되었다. 몹쓸 세월에 대통령 한 사람 잘못 만나 죄도 없이 목숨을 잃었으나, 세상이 정상적으로 굴러가기만 했다면 당연히 벌써 왔어야 할 그런 날이었다.

그 1년 8개월 뒤인 2008년 9월 26일 이용훈 대법원장은 사법 60주년 기념식에서 헌정사상 처음으로 사법부의 과거사에 대해 공식으로 사과했다. "사법부가 헌법상 책무를 충실히 완수하지 못함으로써 국민에게 실망과 고통을 드렸다"며 "민족일보 사건, 인혁당재건위 사건, 민청학련 사건, 광주민주화운동 관련 사건 등에 대해 과오를 사과한다"고 했다.

따지고 보면 이들 사건은 사법부의 잘못이라고 못 박을 수 없는 사건들이다. '대통령의 뜻'에 따라 판결한 사건들이기 때문에 그렇다. 이용훈 대법원장은 그런데도 이날 공식 사과문에서 "미래를 향해 새로 출발하려면 먼저 스스로 과거의 잘못을 있는 그대로 인정하고 반성하는 도덕적 용기와 자기 쇄신의 노력이 필요하다"고 강조했다.

대한민국 대법원장이 인혁당재건위 사건을 구체적으로 거론해 사과하면서 그랬다. 그로부터 4년이 지난 지금 아버지가 직접 관련된 인혁당재건위 사건을 놓고 박근혜 새누리당 대선 후보는

'미래'를 말하면서도 선문답을 하고 있다. 아버지의 뒤를 이어 나라를 이끌겠다면서도 사과할 생각이 추호도 없어 보인다.

인혁당재건위 사건의 관련자들이 범했다는 죄목은 사형선고가 가능한 긴급조치 4호 위반과 내란 선동 등이다. 훗날 국가정보원(중앙정보부의 후신)의 '과거사 진실 규명을 통한 발전위원회'(진실위)는 이 사건이 "유신체제에 대한 학생들의 거센 저항에 직면한 당시 박정희 정권이 학생 시위의 배후에 공산주의자들이 있다는 인상을 심어 주고자 조작한 사건이었다"고 지적했다. 진실위는 특히 "당시 권력의 정당성이 없는 박정희 유신독재 정권이 권력을 유지하기 위해 공포 분위기를 조성하려 했다"고 진상 조사 결과를 밝혔다.

뒷날 줄줄이 위헌 판결을 받은 그 긴급조치들은 사실 박정희 씨 개인이, 방해 받지 않고 대통령 오래하려고 일방적으로 정해 놓은 '개인의, 개인에 의한, 개인을 위한' 기준이었다. 장기 집권을 위한 기준이었다. 그가 정한 기준과 요건에 적합하지 않으면 사람을 죽일 수도 있는 '유신의 기준'이었다. 그 기준을 어겼다고 생사람 잡아다 죄를 뒤집어씌워 여덟 명이나 죽인 게 인혁당재건위 사건이었다. 긴급조치 1, 4, 9호 위반으로 구속된 사람만도 1,000명이 넘었다.

대학 졸업 후 학원강사를 하던 임구호 씨는 1969년의 3선 개헌 반대운동을 한 전력 때문에 1974년 인혁당재건위 관련자로 엮여 들어갔다. 징역 15년을 선고 받고 7년 10개월의 옥고를 치렀다.

임 씨는 당초 잡혀 들어갔을 때, 중앙정보부 조시에서도 인혁당이란 말을 들어 보지 못했다. 검찰에 가서야 처음 들었다.

그는 서울 남산의 정보부에서 매일 길이 90센티미터 되는 각목으로 얻어맞으면서 척추 꼬리뼈가 부러지면서, 시키는 대로 인혁당 관련 이야기를 자기 입으로 만들어 주었다. '동물농장'에서 '인혁당 만들기'를 했다. 그는 현재 그 후유증으로 5급 장애자가되어 병원을 들락거린다. 사형선고까지 받은 이철 씨도 인혁당이뭔지 몰랐다고 했다. 이 나라의 70년대는 그렇게 박정희 씨의 장기집권 목표 하나 때문에 피 맺히고 한과 눈물이 질펀하게 깔리던 시절이었다.

특히 인혁당재건위 희생자 유족들의 한과 눈물은 요즘에야 조금씩 알려지지만 처참하기가 비할 바 없었다. "목욕탕 간다고 나간 남편이 소식이 없다가 어느 날 간첩이 되어 TV에 나왔다"고도했다. 남편에게 일생을 걸던 곱던 아낙이 남편을 빼앗긴 뒤 이제한 세대가 지나 쭈글쭈글한 노파가 되었다.

한 희생자의 부인인 A씨는 악에 받쳤던 때를 회상한다. "남편이 사형 당한 후 신문에 나는 박정희 사진을 이가 아프도록 꼭꼭씹어서 뱉곤 했다"고 했다. 남편 산소에 매주 꽃을 들고 찾아갔다가 발길을 돌릴 때마다 "살인마 박정희 천벌을 받으라"고 외쳤다고 했다. 박정희 씨가 피격된 1979년까지 계속 그랬다고 했다.

다른 희생자의 부인 B씨는 남편에 대한 조사를 받던 중 기관원이 주는 물을 마셨다가 흥분되면서 온몸이 꼬이는 참혹한 경험을 했다. 그때 '남편은 간첩'이라는 진술서를 쓰고, 죄책감으로 아이들과 극약을 먹으려 했으나 친정어머니에게 들켰다 한다. 본인과 아이들은 죽음을 면했지만 친정어머니는 그 충격으로 한 달 만에 눈을 감았다 한다. 이건 사람 사는 세상의 이야기가 아니다.

또 다른 희생자의 부인 C씨의 눈물겨운 이야기. 저녁 때가 되어도 아들이 집에 오지 않았다. 동네 놀이터에 가봤더니 동네 아이들이 아들의 목에 새끼줄을 매고 '총살놀이'를 하고 있었다. '빨갱이 자식'이라 놀리고 있었으나 놀이터의 몇몇 어른들은 보고만 있었다. "저 아이와 함께 놀면 너희들도 잡혀 간다"는 소리도 들렸다. 경찰관 시험에 합격했으나 합격 취소 통지를 받은 친척도 있고, 친척들 여권도 내 주지 않았다.

진술 내용과는 정반대로 조서가 조작돼 있기도 했고, 심지어 희생자들의 유언도 교수형 입회 교도관의 이야기와는 다르게 만들어져 있었다. 진실을 보도해 달라고 그토록 발이 닳게 언론사에 쫓아다녔으나, 진실 보도는커녕 억장 무너지는 기사도 나왔다. "대법원으로서는 최선을 다한 것이라 할 수 있다. 이번 판결은 대법원이 심혈을 기울여 심리하고 선고한 것이므로 더 이상 불복할 여지가 없다." 1975년 4월 10일(교수형 다음날)자 한 신문의 사설이었다.

대법원 판사 D씨의 기절할 이야기도 있다. 인혁당재건위 사건 관련자들의 판결이 나온 것은 1975년 4월 8일이었다. 지금은 고인이 된 D씨는 자기도 서명한 것으로 되어 있는 그 때의 판결문을 본 적이 없다. 2002년 12월 의문사 진상규명위원회의 빌표가 있고 나서야 그 판결문을 보았다고 실토했다는 증언이 있다. 인혁당재건위 사건은 그런 사건이었다. 박정희 씨는 인혁당재건위 사건을 그렇게 이끌고 갔다.

독재자였다는 평판 때문에 잊혀져가던 박정희 씨가 되살아나기 시작한 것은 《조선일보》 때문이었다. 《한겨레 21》의 보도에 따르면 10.26 이후 13년간 박정희 씨의 이름을 올리지 않던 《조선일보》가 김영삼 씨의 대통령 취임 후부터 집중적으로 박정희 씨를 찬양하기 시작한다. 10.26 이후 2009년 10월까지 실린 박정희 기사 3,459건 중 93.6%인 3,231건이 김영삼 씨 취임 이후 보도됐다고 했다. 인기가 바닥인 김영삼 씨의 '무능'과 대비되는 '강력한 리더십의 유능한 전직 대통령'에 대한 기억의 형태로 기사가 등장했다고 《한겨레 21》은 보도했다.

1995년 3월부터는 "가장 훌륭한 정치 지도자는 누구입니까?"를 묻는 여론 조사를 시작했다. '1위 박정희'일 개연성이 많은 시점이었다. 집중적인 찬양 보도가 줄기차게 계속되다가 1997년 10월부터 3년 동안 연재된 '내 무덤에 침을 뱉어라'가 '박정희 부활'의 결정판이 된다. 박정희 씨는 생전에 기자들을 만났을 때 "내 무덤에 침을 뱉어라"는 이야기를 자주 한 것으로 알려졌다.

"내가 한 일에 대해 이러쿵저러쿵 말들을 하지만 내 일생 조국과 민족을 위해 일한 것을 역사는 제대로 평가해 줄 것"이라는 강한 메시지가 느껴지는 말이다. 지난 2012년 9월 10일 라디오 방송

과의 인터뷰에서도 박근혜 후보는 '내 무덤에 침을 뱉으라'는 말 속에 나라를 위해 노심초사하던 아버지의 모든 것이 함축돼 있다고 했다. 조선일보의 연재기사는 대단한 반향을 불러일으켰다.

박정희 씨는 부활됐을 뿐만 아니라 웬만한 과오도 덮어지는 양상을 보였고, 심지어 "어느 누가 '박통(박정희 대통령)'의 허물을 말할 수 있느냐" "누가 박통에게 침을 뱉을 수 있느냐"는 눈 부라림까지 느껴지는 상태가 되었다. 박정희 씨는 그렇게 영웅의 반열에 올랐다. 《조선일보》가 그렇게 만들었다. 더구나 역대 정권을 살펴볼 때 여건도 좋았다.

전두환 씨의 광주학살이 너무 잔인하고 너무 많은 사람이 죽었기 때문에, 박정희 씨의 혹독한 인권 탄압과는 비교할 수 없었다. 박정희 씨에 대해서는 정색을 하고 역사를 바로 잡는 평가가 시도되지 못한 측면까지 있다. 김영삼 정부는 박정희 씨의 조카사위인 김종필 씨와 3당 합당으로 손을 잡고 출발한 정권이었다.

김대중 씨는 김종필 씨와 연합한 소수 정권이면서, 오히려 '용서'를 내세워 박정희기념관까지 짓도록 지원해 주었다. 노무현 씨는 '그럴 생각'이 없었던 데다 '박근혜와의 대연정'까지 생각하던 정권이었다. 그러나 이제는 생각해 봐야 할 때다. 겸손한 마음으로 냉정한 눈으로 평가하고 정리해야 할 때다. 역사는 바로 세워져야 한다. 특히 이번에 국민적 관심사로 떠오른 인혁당재건위 사건을 계기로 그런 작업이 시작되어야 한다는 의견들이 많다.

보릿고개를 없애고 경부고속도로와 중화학공업 등의 업적을 말하는 사람들이 적지 않지만, 집권 18년 동안 늘어난 1인당 국민소득이 1,600달러에 불과하고, 대기업 수출 밀어주기의 그늘에서 혹독한 저임금으로 고통 받던 근로자들의 희생을 말하는 사람들도 적지 않다. 특히 역대 대통령 중 IMF 때를 빼고는, 소득에서 박정희 대통령 때보다 못한 대통령이 하나도 없다는 평가도 나오고 있다.

지금이야말로 공(功)과 과(過)를 있는 대로 늘어놓고 각각 다른 서랍에 집어넣으면서, 과대 포장된 것도 포장 벗겨 내용을 확인할 필요가 있다. 공정하고 준엄한 평가가 필요한 때다. 그는 과연 사심 없이 '내 일생 조국과 민족을 위해'서만 일 했는가. 근대화와 산업화만을 위해 몸을 던졌는가. "내 무덤에 침을 뱉어라"고 호통칠 만한 삶을 살았는가.

부산일보와 정수장학회와 영남대학교를 개인 소유로 돌려 놓은 것도 그런 것과는 상관없는 일이었다. 유신 반대 데모한다고 서울문리대 해체한 것도, 긴급조치 위반 구속자가 1,000명 넘도록 인권을 탄압한 것도 그런 것과는 상관없는 일이었다. 조국과 민족을 위하는 일도, 근대화나 산업화의 과정도 아니었다.

허나 그런 것 다 양해한다 치더라도 인혁당재건위 사건을 통해 드러난 참혹한 사법 살인 사건 하나만으로도 우리는 숨이 막힌다. 참을 수가 없다. 절망한다. 그 무덤에는 침을 뱉어야 한다.

3부
박근혜 정부,
다시 살아나는 박정희의 망령

출처

· 박근혜, 박정희 군사문화에서 벗어나라 — 2013년 5월 16일 《프레시안》

· '5.18 폭동'과 '홍어 · 좌빨'의 비극 — 2013년 6월 3일 《프레시안》

· 민주주의 할 건가 말 건가, 그것이 알고 싶다 — 2013년 9월 16일 《프레시안》

· '적반하장 사회 구현'으로 가는가 — 2013년 11월 11일 《프레시안》

· 회복되지 않는 박정희 씨의 명예 — 2014년 1월 21일 《프레시안》

· 재판과 '개판' 사이 — 2014년 2월 17일 《프레시안》

박근혜, 박정희 군사문화에서 벗어나라

윤창중 사태의 발생과 전개 과정을 보고 있노라면 '박근혜 청와대'의 용량(容量)과 기능에 대한 탄식이 절로 나오게 된다. 어쩌면 그렇게 하나같이 그 모양 그 꼴인가 하는 안타까움에서 비롯되는 탄식이다. 특히 '일을 낸' 윤창중 씨를 놓고는 많은 사람들이 "그 정도밖에 안 되는 사람이냐"는 투로 한숨 섞인 이야기들을 쏟아내고 있다.

그의 '시작'에서부터 (언제 끝날지 모르지만) 지금까지 그가 계속 저지른 사건들을 보면 그런 이야기가 나올 수밖에 없어 보인다. 그러나 그것은 그를 몰라서 하는 이야기라고 말하는 사람들이 적지 않다. 애당초부터 윤 씨는 그런 사람이었다는 것이다. 아닌 게 아니라 그가 그동안 써 온 글들을 보면 '글쟁이'의 필수 덕목인 균형 감각이 원초적으로 결여돼 있는 것에 우선 놀라게 된다.

자신의 존재감을 드러내 보이기 위한 극도의 초조감이 문장 곳곳에 배어 있고, 자신과 생각이 다른 쪽에 대해서는 멋대로 재단해 매질하거나 깔아뭉개는 우격다짐식 군사문화까지 읽히는 데 또 놀라게 된다. 그런데도 사람들은 그런 그를 '극우 보수 논객'이라고 '예우'해 왔다. 그러나 그의 글을 관심 있게 읽은 사람들은 대부분 그를 철저한 '박정희 신봉자'이면서 '군사문화 예찬론자'라고 단언한다.

　박근혜 대통령이 평소 별 교류도 없던 그를 '대통령 당선인 제1호 인사(人事)'로 당선인 수석대변인에 임명한 것도 바로 그 점 때문이었을 것이라는 이야기가 설득력을 지닌다. 그때 그 인사에 대해 적지 않은 사람들이 "일 맡길 만한 사람이 못 된다"고 우려하고, '불통 논란'까지 불거졌으나, 대통령은 고집스럽게 그를 청와대까지 데리고 가 초대 대변인으로 등용했다. 그 '등용'이 필경 이번 참사의 단초(端初)가 되었다. 결국 '박정희'와 '군사문화'에 대한 대통령의 향수가 바로 이번 사태의 원인이라는 소리다.

　일부 보수 논객들은 그새를 못 참고, "젖가슴도 아니고 겨우 엉덩이를 만진 건데…"라거나, "종북 세력들의 음모"라거나, "호남 향우회가 의심스럽다"는 기막힌 이야기까지 쏟아내며 윤 씨를 감싸고자 했다. 양파껍질 벗겨지듯 새로운 사실들이 속속 드러나는데도, 대응하는 청와대 요원들의 위기관리 능력도 한마디로 딱하기 그지없었다. 심지어 대통령도 대국민 사과를 하면서 수석비서관 회의의 '모두발언' 형식을 '차용'했다.

국민을 진심으로 떠받드는 느낌을 주는, 상황에 맞는 '적절함' 과 '당당함'이 눈에 띄지 않았다. 경우에 따라서는 "잔말 말고 주는 대로 받아먹어라"는 소리로 듣고 본 사람도 있었을 것이다. 그 대목을 놓고, 마지못해서 하는, "내가 지금 항복하는 건 아니다"는 인상의 군사문화를 연상한 건 필자만이 아니었을 듯싶다. 당선 이후 박근혜 대통령의 '궤적(軌跡)'을 따라가 보면 자주 '박정희'와 '군사문화'를 만나게 된다. 특히 '윤창중'으로 시작한 인사에서는 곳곳에서 '박정희 냄새'가 난다.

　젊은 시절 청와대에서 박정희 씨를 보좌하던 인사, "5.16 쿠데타가 이 나라 민주주의 발전에 기여했다"고 악을 쓰던 교수와 예비역 장성, 박정희 정권에서 육군 참모총장과 국방부장관을 역임한 인사의 아들, 박정희 씨가 총애하던 정치인의 아들, 유신헌법을 기초한 인사의 사위 등이 잇달아 모습을 드러낸다. 휴대폰 고리에 박정희 씨 내외의 사진을 매달고 다니던 예비역 4성 장군은 국방부장관에 내정됐다가 낙마하기도 했다.

　'박정희'의 복권을 위해 그녀가 정치를 시작했다는 측근의 '증언'도 이미 나와 있다. 바야흐로 '박정희 문화 복원 작업'이 진행 중이라는 소리는 그래서 나오는 듯싶다. 다 알다시피 박정희 씨는 이 나라 군사문화의 원조(元祖)다. 대통령은 지근거리에서 아버지의 그런 모습을 보며 자랐을 것이다. 그래서일까, 박근혜 대통령의 인사나 업무 추진 스타일도 그 범주를 벗어나지 못하는 것으로 보인다.

인사도 한번 내정하면 결정적 흠이 드러나도 결코 되돌리려 하지 않는다. 때문에 '일수불퇴'(一手不退)에 '불통 인사'란 말이 따라다닌다. 첫 번째 헌법재판소장 내정자, 김병관 국방부장관 내정자, 미래창조과학부장관 내정자, 해양수산부장관 인사 때 등 우리가 다 보아왔다.

절대 '지지 않으려는' 그 막무가내식 면모가 바로 군사문화라고 사람들은 수군거린다. 대통령 본인도 때맞춰 "(내가 미는 것은) 결코 타협과 협상의 대상이 될 수 없다"고 목청을 높였다. 전 국민이 보고 있는 TV 화면을 통해 그랬다. 박정희식 국론통일(國論統一)이 강요되던 군사문화 시대가 아니고서는 도저히 나올 수 없는 충격적인 '명령형(命令型) 말씀'이었다.

해마다 5월이 오면 '광주'를 기억하는 사람들의 가슴은 요동을 친다. 군사정권의 잔인한 학살 기억에 몸서리치면서 '살아남은 자의 부끄러움'에 속으로 끝없이 운다. '광주'는 목숨 걸고 피 흘리며 불의에 저항해 이 땅의 민주주의를 지켜낸 상징이다. '세월은 흘러가도 산천은 아는' 함성과 역사가 눈 시퍼렇게 뜨고 굽어보고 있는 '사람 냄새나는 동네'다. 최근 그 '광주'를 멱살 움켜쥐고 뽈깡 들었다가 내려놓은 사람이 박승춘 국가보훈처장이다.

'광주' 5월의 노래 '임을 위한 행진곡'을 기어이 못 부르게 함으로써 5.18을 패대기쳐 보고자 했던 것 같다고들 말한다. 그의 시도는 성사되지 못했으나, 많은 사람들의 마음에 생채기를 남기는 데는 일정 부분 성공한 듯하다. '시도'는 이명박 정권 때인 2009

년부터 시작되었다. 급기야 박승춘 보훈처장이 올해 작심을 하고 수천만 원의 예산까지 장만해 '별도의 노래'를 만들려 했다. 그러나 '광주'는 그리 쉽게 지워질 수 없게 되어 있다.

박승춘 그는 누구인가. 육군 중장 출신으로 2011년 2월 국가보훈처장에 임명되었다. 그해 12월 광복회 워크숍 강연에서 공무원인 그가 "오늘날 우리가 이 정도로 살게 된 것은 다 박정희 대통령의 공입니다. 다가오는 대선에서 누구를 뽑아야 할지 다들 아시죠"라고 한 발언이 알려지면서 박근혜 대통령 후보의 눈에 들기 시작한 것으로 보인다.

그 때문일 것이다. 그는 이명박 정권의 장차관 가운데, 박근혜 대통령에 의해 새 정권에서도 그의 직책을 그대로 맡도록 유임 발령을 받은 사실상 유일한 인사다(김관진 국방부장관은 김병관 내정자의 '버티기 끝 낙마'로 안보 공백을 메우기 위해 불가피하게 서둘러 유임이 결정되었고, 헌법상 4년 임기가 보장된 감사원장과 임명된 지 3개월밖에 안 된 국민권익위원장은 '특별한 사정'이 적용돼 유임된 경우다).

그의 '박근혜를 향한 충성'은 일찍부터 눈물겨운 데가 있다. 그는 육군 중장 전역 직후 '국가발전미래교육협의회'란 반공 교육 기관을 설립해 퇴역 장성들의 모임인 '성우회'와 함께 '박정희'와 '군사문화' 홍보에 온몸을 던진다. 그는 특히 '박정희의 유신' 옹호에 지극 정성의 공을 들였다. 박근혜 후보의 흉중을 누구보다 잘 헤아려 밀어붙였던 것 같다.

"유신 반대는 종북이다" "(종북 세력은)사회주의 건설 목표를 숨긴 채 반유신·반독제 민주화 투쟁을 빙자해 세력 확산을 기도했다" 이런 게 국가발전미래교육협의회(국발협)가 예비군·민방위 교육에서 강조한 주된 내용이었다. 보훈처장으로 임명되고 나서는 국발협이 교육 범위를 더욱 넓혀 갔다. 2011~2012년 국발협은 2,600회의 동원예비군 안보 교육을 실시한 것으로 알려졌다.

보훈처 지청들이 '적극 협조'한 것으로 전해졌다. 특히 총선을 4개월 앞둔 2011년 말 그의 국가보훈처는 박정희 씨를 미화하고 유신 반대 민주화운동을 종북 활동으로 깎아내리는 동영상 DVD 1,000세트를 만들어 마구 뿌려대기도 했다. 그 연장선상에서 박승춘 처장에게 '광주'는 '눈엣가시'로 비쳐졌을 것이라고 사람들은 말한다. '군사문화가 빚어낸 불의'에 대한 처절한 저항이 비위에 거슬렸을 것이라는 이야기다.

박승춘 씨에게는 5.18 때 공수여단장이었던 안현태 씨를 국립묘지에 안장하는 문제를 놓고, 보훈처장으로서 영향력을 행사한 전력까지 있다. 이와 관련, 감사원은 2012년 5월 박 처장이 "부당한 영향력을 행사했다"는 감사보고서를 발표하기도 했다.

두말할 나위 없이 '광주'는 이 나라 현대사에 중대한 획을 그은 역사적 '사건'이다. 그 '광주'를 상징하다시피 하는 노래가 '임을 위한 행진곡'이고, 그 '상징'을 '손봄'으로써 '광주'를 다소라도 지워 보려한 게 박승춘 씨다. 우리는 박승춘 보훈처장이 박근혜 대통령의 심중을 누구보다 잘 헤아리는 사람이고, 때문에 이례적으로 새 정권에서 유일하게 연임 발령을 받은 '박근혜의 사람'이라는 대목에 주목한다.

때문에 우리는 그가 박근혜 대통령의 생각에 반하는 일을 추진했을 리 없고, 대통령의 동의나 묵인 없이는 그처럼 '엄청난 일'을 밀어붙이지 않았으리라고 믿는다. 그래서 우리는 확신한다. 박근혜 대통령은 결단을 내려야 한다. 이제라도 '박정희'와 '군사문화'를 뛰어넘는 게 옳다.

아버지 대통령이 딸 대통령의 도달 목표가 될 수는 없다. 보릿고개 극복이나 중화학공업 육성이나 유신독재나 생사람 죽이기가 지금 시대적 과제가 될 수 없음도 두말할 나위 없다. '창조경제'와도 너무나 동떨어진 이야기다. '향수'를 지우기 힘들다면 '박정희'와 '군사문화'는 박물관에 보내는 게 방법이다. '박정희'와 '군사문화'를 극복해야 하는 것이야말로 윤창중 사태와 임을 위한 행진곡 파동에서 박근혜 대통령이 반드시 깨달아야 할 교훈이다.

'5.18 폭동'과 '홍어 · 좌빨'의 비극

제대로 굴러가는 나라라면 '일간베스트 저장소 사태'는 그냥 이런 식으로 봉합되어 넘어가지 말아야 옳다. '5.18은 폭동'이고 "전라도 사람은 '천해빠진' 홍어요 좌빨"이라는 악다구니는 망해가는 수순에 접어든 나라가 아니고서는 결코 나올 수 없는 소리다. 이른바 '지역 문제'는 필자가 '당사자'의 한 사람이기 때문에, 될 수 있으면 피하려고 애써 온 화두였다. 허나 정색을 하며 말하지 않을 수 없게 되었다.

더구나 '지역 문제'는 그간 분명한 사실(事實)이 어처구니없게도 '진실이 실종되는' 사실(死實)의 과정을 거치고, '부정한 의도가 섞인' 사실(邪實)이 끼어들어 마치 역사적 사실(史實)인양 행세해 온 터무니없는 패턴을 보여 왔다. 심각한 것은 (시정하려는 노력도 별로 없는 상태에서) 그 같은 가짜 사실(史實)이 진짜 사실(史實)인 것처럼 청소년 시절부터 사람들의 뇌리를 파고들어 자리 잡아 가고 있다는 점이다. 그렇게 넓게넓게 전파되고 있다는 점이다.

근래 들어서는 친일 인사들의 영향으로 보이는 '허술하기 짝이 없는 역사 교육'까지 그 큰 원인으로 지목되고 있다. 당장 '5.18은 폭동'도 사실(事實)이 사실(死實)과 사실(邪實)의 과정을 거쳐 사실(史實)쪽으로 치달았다. '홍어'는 어떤가. '전라도 차별'에는 몇 번의 커다란 사건이 연원(淵源)을 이루고 있는 것으로 사람들은 보고 있다.

"전라도 사람을 중(重)히 쓰지 말라"고 했다는 고려 태조 왕건의 유훈(遺訓)으로 알려진 '훈요십조'(訓要十條), 조정에서 '전라도는 반역의 땅(逆鄕)'이라 일컫는 계기를 만들었다는 조선 선조 때의 '정여립(鄭汝立)의 난'(亂), 박정희 · 김대중의 치열한 대결로 영호남 편 가르기의 극치를 이룬 '1971년의 대통령 선거' 등이 말하자면 비극의 씨앗을 제공한 것으로 되어 있다.

시간이 더 지나봐야 알겠지만 이번 '일베' 사태도 지금 거의 범정부적이라는 의혹을 받으면서 조성되고 있는 여러 상황들을 감안할 때 '비극 씨앗'의 반열에 오르게 될지 모른다. 그러나 근래들어 이들 '연원'들은 거의 사실(死實)과 사실(邪實)의 과정을 통해 조작된 채 사실(史實)로 정착되었을 가능성이 크다는 의혹들이 학계에서 강력하게 제기되고 있다.

훈요십조는 고려 태조 26년(서기 943년) 4월 태조 왕건이 후백제 출신의 박술희란 신하를 내전으로 불러 유언으로 구술했다는 10

개항의 '가르침'으로 《고려사》〈태조편〉에 기록되어 있다. 호남 관련 부분은 10개 조항 중 제8조인 "차령이남 금강 밖 지방은 산세가 거꾸로 달려 역모의 기상을 품고 있으니 결코 그 지역 사람을 중히 쓰지 말라"이다.

훈요십조가 처음 기록된 시기는 태조 왕건이 죽은 지 70년이나 지난 1013년, 고려 제8대 현종 때였다. 그때까지 훈요십조에 관한 기록은 없다. 불과 10개항의 '가르침'이었으나 현종도 훈요십조를 모르고 있었던 것으로 전해진다. 거란의 40만 군사가 침공해 개경이 잿더미가 되면서 사초까지 불타 버리자 현종은 《고려사》〈태조편〉의 사초를 다시 기록하라고 명한다. 이때 최제안이라는 신하가 최항의 집에 보관 중이던 왕건의 유서라며 가져와 기록에 올린 게 '훈요십조'라 했다.

최제안과 최항은 당시 3대 정치 세력 가운데 백제계 전라도 세력과 대결 관계에 있던 진영의 사람들이었다. 때문에 학자에 따라서는 애당초 왕건의 훈요십조라는 유언이 과연 있었던 것인지, 아니면 적어도 제8조 '전라도 부분'은 조작된 게 아닌지 의혹을 제기하는 경우가 적지 않다.

특히 무엇보다도 왕건이 전라도 사람들을 싫어할 수 없었던 점을 학계에서는 지적한다. 후삼국 통일의 마지막 단계에서 후백제 문제로 한동안 골머리를 앓기는 했으나, 기본적으로 왕건은 전라도와 경기만의 해양 세력 도움을 얻어 대업을 이룰 수 있었다. 따라서 그의 주변에는 전라도 사람이 무척 많았다.

그가 극진히 추앙하던 도선국사도 전남 영암 출신이고, 불리한 전쟁터에서 왕건의 복장을 하고 대신 목숨을 바친 신숭겸도 전남 곡성 사람이다. 그가 왕위를 물려준 제2대 혜종의 어머니인 장화왕후 오 씨도 전남 나주 사람이다. 요컨대 훈요십조 중 적어도 제8조는 '수상하다'는 이야기다. 일본인 사학자 이마니시 류(今西龍)도 최제안과 최항에게 의심의 눈초리를 보내고 있다.

조선 선조 때의 이른바 '정여립의 난'과 그로 인해 1,000여 명이 목숨을 잃은 기축옥사(己丑獄事)도 의문투성이다. 정여립은 직선적이고 적극적이면서 강인한 성격의 소유자로 입바른 소리 잘하는 유능한 관리였다. 바로 그 점이 임금의 눈 밖에 나자, 벼슬을 버리고 전주 근교 색장리(色長里)로 낙향해 진안 죽도(竹島)에 서실을 짓고 대동계(大同契)라는 조직을 만들어 사람들을 모으며 유유자적하던 선비였다.

1587년에는 남해안의 섬에 왜구들이 침략하자 관가의 지원 요청을 받고 대동계원들을 이끌고 가 그들을 물리친 적도 있다. 그러나 바야흐로 때는, 흔히 학자들이 조선 못난 왕 두 명 중 한사람으로 꼽는 선조 임금 시절이었다. 동인과 서인이 당쟁으로 박 터지게 싸우던 무렵이었다.

당시의 정적들은 정여립을 율곡을 배신한 파렴치한 선비요, 극악무도한 성격의 소유자라며 반역의 굴레를 뒤집어 씌웠다. 그러나 지금은, 진보적 지식인이었고 선진적 사상가였으며 민중에 토대를 둔 개혁가라는 평가까지 나와 있다. 특히 단재 신채호는 "천하가 왕과 귀족의 전유물이 아닌, 백성 모두의 공유물이라 본 그의 공화주의적 이론은 당시로서는 혁명적 발상"이라고까지 추켜세웠다.

때문에 지배권력층은 긴장했을 것이다. 결국 모난 돌이 정을 맞은 것으로 보인다. 그러나 정여립의 난을 살펴보면 지울 수 없는 의구심이 하나 떠오른다. 당시 정여립이 트인 생각에 혁명적 발상을 한 것은 맞지만, 왕조를 뒤엎을 반역을 모의하거나 실제로 행동을 하려 한 증거가 전혀 없다는 점이다. 유일한 증거는 "정여립이 반역을 모의했다"는 고변(告變)만이 있을 뿐이다.

그런데도 조정에서 모반의 제보를 받고 체포하러 가자, 정여립은 도망치지도 않고 서실이 있는 죽도에서 그냥 '자살'했다는 것이고, 연루자로 체포돼 희생된 사람이 자그마치 1,000여 명이나 된다고 했다. 이상하다. 그러나 세월이 지나면서 진실을 짐작케 하는 기록들이 조금씩 나오기 시작한다.

훗날 남하정은 《동소만록》(桐巢漫錄)에서 "정여립이 진안 죽도에서 놀고 있을 때 선전관과 현감이 함께 가 죽이고 나서 자살했다고 아뢰었다"고 썼다. 서인 출신 예학자 김장생은 《송강행록》(松江行錄)에서 정철이 정여립의 유인과 암살을 지령한 음모의 최고 지휘자라고 주장했다. 동인과 서인의 당파싸움이 극에 이르러 음모가 횡행할 무렵 서인이 동인을 때려잡기 위한 방편으로 정여립이 모반했다고 꾸몄을지 모른다는 추론이 가능하다.

그래서 죽여 놓고 자살했다 했고, 존재하지도 않은 모반을 존재한 것처럼 인식시키기 위해서는 연루자가 될 수 있으면 많아야 했을지도 모른다. 기록에 따르면 선비들은 걸핏하면 관련 있는 것처럼 몰려 마구마구 죽임을 당했다. 조대중이란 관리는 전남 보성 순찰 중 정여립이 죽었다는 소식을 듣고 눈물을 흘렸다 하여 장살(杖殺)되었다. 그러나 조대중의 눈물은 아끼던 관기와의 이별을 아쉬워하며 흘린 것이라 했다.

형조좌랑 김빙은 추국장에서 안질에 날씨가 추워 흐른 눈물을 닦은 것이 정적인 백유함의 눈에 띄어 "정여립의 죽음을 슬퍼했다"는 무고를 받고 사형당했다. 말하자면 다다익선(多多益善)이었던 듯싶다. 내친김에 '모반은 분명히 존재했음'을 기정사실로 강조하기 위해 정여립의 고향인 '전라도는 반역의 땅'이라 밀어붙였을 가능성도 있다고 본다. 사실(死實)과 사실(邪實)을 거쳐 사실(史實)이 되었으리라고 필자는 생각한다.

1971년 대통령 선거 때의 이야기는 지금도 기억하는 사람들이 많다. 당시 영남 지역 거의 전역에 어느 날 아침 "호남인이여 단결하자"라고 쓴 전단들이 나 붙는다. 영남 사람들이 어떤 생각을 했겠는가. 바로 이어 민주공화당 소속 이효상 당시 국회의장이 대중연설에서 "우리도 단결해야 한다"고 목소리를 높였다. 필자는 그때 기자였다. 그 전단을 호남 사람이 붙였다고 믿은 기자는 거의 없었다. 그렇게 그렇게 사실(死實)과 사실(邪實) 과정을 거쳐 전라도 사람들은 '홍어'가 되었다.

일베는 5.18 때 희생되어 광주 상무관에 안치된 시신들의 사진에 "배달될 홍어들 포장 완료된 거 보소"라는 캡션을 달았다. 사람으로서 할 수 있는 짓이 아니다. 아니 결단코 해서는 안 되는 짓이다. 홍어(洪魚)는 '홍어과'의 마름모꼴 바닷물고기다. 몸길이가 1.5미터까지도 되는 맛이 독특한 생선으로, 주로 전남 흑산도 근해에서 많이 잡힌다. 전라도에서는 결혼이나 초상 같은 '큰일'을 치를 때 반드시 준비하고 삭혀서도 먹는다.

언제부터인가 홍어는 전라도 사람을 뜻하는 말로 통용되면서, 종북 · 좌빨이라는 결코 용납될 수 없는 의미까지 함께 붙어 다녔다. 천해서 무시해도 좋고, 짓밟혀도 별로 할 말이 있을 수 없는 부류의 사람들로, 기득권 가까이 근접해서는 결코 안 되는 계층으로 인식되어 가고 있는 게 사실이다. '필요'에 따라 그리 됐을 것이다.

'만만한 게 홍어 ×(수컷의 생식기)'이란 말은 오늘날 바닷물고기 홍어를 가리키기보다 별 볼 일 없는 '왕따'나 전라도 사람을 지칭하는 홍어의 위상을 나타내는 의미로 더 익숙해져 있다. 특히 '5.18 폭동'과 함께 전라도 사람들을 '홍어 · 좌빨'로 불러댄 일베의 주장을 초등학생까지 포함된 (초등학교 고학년들은 다 인터넷에 들어간다) 지금의 청소년들이 여과 없이 받아들여 온 것은 따라서 심각한 문제가 아닐 수 없다.

게다가 일간베스트 저장소는 그동안 거의 범정부적이 아닐까 싶을 정도로 정권 주요 부처의 비호와 지원까지 받아 왔다. 국가정보원은 '5.18 폭동'과 '홍어 · 좌빨'로 말썽이 불거진 이후인 5월

24일에도 일베 회원들을 초청해 '안보 강연'을 하면서 개개인에게 18만 원씩이나 하는 '절대시계' 한 개씩을 선물하기도 했다.

고용노동부는 일베에 일자리 정보 광고를 게재·지원하는가 하면 교육부장관은 5.18 민주화운동을 '정치적으로 대립된 이슈'라고 광주에서 말했다. '5.18은 폭동'이라 한 일베의 목소리에 힘을 실어 주었다. 바로 그 '대립된 이슈'였기 때문에 국가보훈처장은 5.18의 노래 '임을 위한 행진곡'을 못 부르게 했을 것이다. 이 역시 간접적인 '일베 노선'의 지원이다. 종편들이 '5.18 폭동' 방송을 해댄 것도 사실상 일베와 어깨를 나란히 한 비호요 지원에 다름 아니었다.

따라서 일베는 단순한 하나의 인터넷 사이트로 보아 넘겨서는 안 된다. 내용적으로는 대국민 여론조작과 함께 특히 초중고생 등 청소년 '교육'의 중요한 임무를 맡고 있는 정권의 직할 행동부대쯤 된다고 보는 사람들이 많다. 일베 사태를 그냥 이대로 봉합하고 넘어가서는 안 된다. 사실(死實)과 사실(邪實)을 거친 거짓 사실(史實)이 역사적 진실을 뒤집도록 놓아 둘 수는 없다.

중국은 동북공정에, 일본은 역사 왜곡에 온 힘을 기울이고 있는 요즈음이다. 친일 인사들의 입김으로 약화일로(弱化一路)를 걷고 있는 이 나라 국사 교육부터 당장 강화할 필요가 있다. 국사에는 나라의 영혼이 서려 있다. 다시 생각해야 한다. 대학 입학 수능 시험에 문과건 이과건 국사가 필수 시험 과목이 되어야 한다.

교육을 맡고 있는 부처의 장관이 5.18을 '정치적으로 대립된 이슈'라 하는 사태도 그냥 넘길 수 있는 문제가 아니다. 정부가 일베의 작태를 감싸고 도와서야 되겠는가. 나라가 좀 제대로 굴러갔으면 좋겠다.

민주주의 할 건가 말 건가, 그것이 알고 싶다

박근혜 정부의 출범 이후 온통 박정희 시대로 유신 시대로 되돌아가고 있는 세태를 여러 번 지적한 바 있다. 그러더니 결국 영화 〈천안함 프로젝트〉의 상영 중단 사태와 '채동욱 검찰총장 몰아내기' 사태가 잇달아 터졌다. 일련의 역사 수레바퀴 거꾸로 돌리기가 거의 갈 데까지 간 것은 아닌지 하는 의문을 갖게 한다. 국정원 대선 개입부터 짚어 보면 더욱 그런 생각을 지울 수 없다.

채동욱 검찰총장 몰아내기의 발단은 국정원 대선 개입과 관련해 검찰이 전 국정원장과 전 서울경찰청장을 기소한 것이라고들 말한다. 그 때문에 대통령의 입장이 당당하게 얼굴을 들 수 없을 정도로 옹색해진 것이 이유가 되었다고 보는 견해가 우세하다. '기소하지 말라는 말을 따르지 않은 게' 문제였다는 의견이다. 채동욱 검찰총장 한 사람을 몰아내기 위해서 청와대와 국정원은 그

동안 '이른바 언론'에게 '하청'을 주기까지 하면서 많은 수고를 아끼지 않은 것으로 알려졌다.

대통령이 떳떳해질 수 있도록 국정원 재판에서의 '유불리'를 계산한 조치라 말하는 사람도 있다. 그러나 "차라리 전설속의 영웅 채동욱의 호위무사였다는 사실을 긍지로 삼고 살아가는 게 낫다… 아들딸에게 부끄럽지 않기 위해 물러난다"는 비장한 글을 남기고 사표를 던진 검사도 나왔다. 조직의 강한 지지와 신망을 받는 검찰총장을 치욕적인 방법으로 몰아내는 데 법무장관이 얼굴 마담으로 나선 사건이라 한없이 창피하다고 탄식하는 검사도 있다.

간단치 않은 사태다. 야비한 짓거리라 개탄하는 목소리가 너무나 많다. 이 땅의 민주주의를 염려하는 간절한 목소리들이다. 그야말로 국격을 염려하는 목소리들이다. 민주주의와 관련해서 우리가 참으로 놓쳐서는 안 되는 심각성을 간과하고 있는 사태도 있다. 우리가 지금 그러고 있다.

상영 중이던 영화가 외부의 '불법적인 힘'에 의해 끌어내려지는 사상 초유의 범법 사태가 발생했다. 그런데도 당국은 열흘이 다 되도록 손을 놓고 있다. 더구나 그 범죄는 표현의 자유를 명시한 이 나라 헌법 제21조의 기능을 눈가림해 버릴 목적으로 이뤄진 질 나쁜 '협박' 범죄였다. 다큐멘터리 영화 〈천안함 프로젝트〉 이야기다. 영화는 해군 등의 '상영 금지 가처분 신청' 소송에서까지 승소하고 스크린에 올려진 것이었다.

강제로 상영이 중단돼야 할 아무런 까닭이 없는 작품이었다. 법원은 가처분 신청 심리에서 헌법에 보장돼 있는 표현의 자유를 제한할 수는 없다는 판단을 내렸다. 다 알다시피 표현의 자유는 '사상과 의견의 자유로운 표명(발표의 자유)과 그것을 전파할 자유(전달의 자유)'를 말한다. 종교의 자유·양심의 자유·학문과 예술의 자유 등 정신적인 자유를 외부적으로 표현하는 자유로, 민주주의의 핵심이다.

영화관 측은 12일 내놓은 공식 보도자료를 통해 "신분을 밝히지 않은 사람들의 경고와 협박이 있었다"며, "상영 도중 퇴장하며 거칠게 항의하는 관객도 있어 관객의 안전을 최우선시해야 하는 극장으로서는 불가피한 조치였다"고 해명했다(필자는 상영 중단 조치 전날인 2013년 9월 6일 〈천안함 프로젝트〉를 관람했다. 상영 도중 퇴장하거나 거칠게 항의하는 관객은 한 명도 볼 수 없었다).

그래서 '갑'인 메가박스 영화관 측은 배급사와 '협의해' 상영을 중단했다는 것이고, '을'인 배급사는 그저 상영 중단을 '통보받았을 뿐'이라고 했다. 영화는 이틀 동안 다양성 영화 예매율에서 1위를 차지하고 있었고, 전체 영화 예매율 순위 9~11위로 흥행성이 있어 보이던 상태였다.

메가박스 측은 예매 환불까지 감수하며 그 많은 영화관에서 일제히 상영 중단을 결행했다. 결단코 영화관 홀로 그런 결정을 내렸을 리 만무하다. 누가 그러도록 시켰느냐, 그것이 알고 싶다. 사람들은 처음엔 극장 측이 주장한 '신분을 밝히지 않은 사람들'을,

'천안함 사태를 북한 소행이라 믿지 않는 사람들은 종북·좌빨'이라고 밀어붙이는 보수단체 소속일 것이라고 의심했다.

그러나 한 신문사가 20여 개 보수단체에 일일이 전화를 걸어 확인해 본 결과는 달랐다. 상영 중인 영화에 대해서는 전혀 그런 일 해 본 적도 없고 이번에도 그런 사실이 없다고 부인했다는 것이다. 누가 됐건 대한민국, 이 대명천지에서, 상영 중인 영화를 일제히 끌어내리는 것은 아무나 저지를 수 있는 범죄가 아니다. 엄청나게 센 손길이 아니면 원천적으로 엄두도 낼 수 없다.

일부에서는 특정 성향의 단체가 아니라면 요즘 '일 많이 하는' 국정원 같은 데의 소행 아니겠느냐고도 말하지만, 누가 했건 범죄임에는 틀림없다. 엄청난 힘의 협박이 있었을 것이다. 민주주의가 숨도 제대로 못 쉬는 형국이다.

요약컨대, 궁금한 것은 내란을 선동하는 등의 불법 메시지도 없는 내용의 합법적인 영화가 상영 도중에 일제히 끌어내려져도 아무런 제재를 받지 않는 게 이 나라의 치안 상태인가 하는 점이다. 그런 범죄 행위가 분명히 드러났는데도 왜 사직당국은 팔짱 끼고 구경만하고 있는가 하는 점이다. 이미 마땅히 강제 수사가 시작됐어야 하는 거 아닌가 하는 점이다.

혹시라도 정부나 정권 차원의 비호를 받는 세력의 소행은 아닌가 하는 강한 의문이 있다. 반드시 규명하고 밝혀야 할 대목이다. 민주주의의 핵심을 깔아뭉개는 그 같은 엄청난 범죄가 아무렇지도 않게 자행되고, '뒤탈'도 없다는 점을 놓고 '이건 나라(국가)도 아니다'라는 극단적인 이야기를 하는 사람들까지 있다는 사실에 귀 기울일 필요가 있다.

〈천안함 프로젝트〉에서도 나오지만, 천안함을 공격한 북한제 라며 국방부가 내놓은 어뢰의 잔해에는 참가리비가 붙어 있었다. 그러나 그것은 천안함이 침몰한 서해에서는 살지 않고 동해에서 사는 해양 생물로 알려져 있다. '1번'이라는 글씨가 쓰여 있는 것만으로도 북한제 어뢰라고 단정하기 곤란하고, 천안함을 때리며 '폭발한' 어뢰라고 인정할 만한 명백한 증거도 없었다. 천안함 사태는 처음부터 그렇게 의혹이 많았다.

심각한 문제는 그런 의문이 한두 가지가 아닌데도, 희한하게도 천안함 사태가 우리 사회의 사상 검증 잣대로 자리 잡았다는 점이다. '천안함 침몰은 북한 소행'이라는 발표를 믿지 않는 사람들은 무조건 '종북·좌빨'로 낙인찍혔다. '천안함—북한 소행'이라는 리트머스 시험지를 들이대고는, 부인하면 즉석에서 '사상적으로 문제 있는 사람'으로 판정 받았다.

조용환 변호사가 국회의 청문회에서 "발표된 것만으로는 북한 소행이라고 확신할 수 없다"고 답변했다가 '사상 이상자'로 몰려 헌법재판관 임명동의를 받지 못했다. 당시 한나라당 소속 국회의원들이 그렇게들 손을 들었다. 기막힌 이야기다.

정확하게 말하자면, 정부와 정권이 국민들에게 '천안함 침몰은 북한 소행'이라는 사실을 과학적으로 확신시켜야 하는 책임을 다하지 못해 놓고는, "왜 확신하지 않느냐"고 트집을 잡아 특정인을 종북·좌빨로 지목하고, '임명동의 거부'라는 터무니없는 불이익을 떠안긴 게 헌법재판관 임명동의 부결 사태였다. 〈천안함 프로젝트〉 사태도 북한 소행이라는 사실을 과학적으로 확신시키지 못해 생긴 결과물이다.

영화는 '천안함 사태는 북한의 소행이 아님'을 주장하는 다큐멘터리가 아니다. 국방부가 발표한 내용 중 과학적으로 납득되지 않는 오류를 지적하면서, 지극히 합리적인 의문을 제기하는 영화일 뿐이다. 그렇게 제기된 의혹을 장막 치고 감추려 덤빈 게 이번 상영 중단 사태다. 말하자면 악의적으로 국민의 눈과 귀를 빈틈 없이 가리려 한 사태였다.

바로 그런 이유 때문에도 이번 상영 중단 사태가 이만저만 엄중한 범죄가 아니라는 사실을 우리는 바로 봐야 할 필요가 있다. 사태 초기에 외신들이 관심을 갖고 민감하게 보도한 것도 국민의 눈과 귀를 가린, 표현의 자유 문제 때문이었을 것이다. 그러나 슬프게도 우리는 유신과 군사독재 시대를 거치면서 '일상화된' 표현의 자유 억압에 익숙해졌는지도 모른다. 그래서 그 심각성에 면역력이 생겼는지도 모른다.

허나 사실은 국민의 눈을 가리고 귀를 틀어막으려 했다는 점에서, 이번 상영 중단 사태도 국정원의 대선 개입 사건 못지않게, 헌법 기능을 소멸시키려 한 '민주주의 핵심 기능 도둑질'에 해당한다. 이 나라 형법 제91조는 "헌법 또는 법률에 의하지 아니하고, 헌법 또는 법률의 기능을 소멸시키는 것"은 "국헌문란(國憲紊亂)

에 해당한다"고 규정하고 있다. 따라서 이번 사태는 본질을 따져 봐도, 장난감 권총을 들고 무얼 어쩌려했다는 사건보다 훨씬 심 각한 범죄라고 법률 전문가들은 지적한다.

다큐멘터리 영화 〈천안함 프로젝트〉의 상영 중단 범죄에 대한 강제 수사는 그래서 지금이라도 늦지 않다. 누가 어느 기관이 왜 헌법 기능을 유린했는지, 어떤 어려움이 있어도 기필코 밝혀내야 한다. 표현의 자유와 민주주의가 얼마나 소중한 가치인지, 그것 을 지켜내기 위해 그동안 우리가 왜 그렇게 많은 희생을 치렀는 지 반드시 깨우쳐 줄 필요가 있다.

국정원의 여러 사태에 이어 〈천안함 프로젝트〉 상영 중단 사태 와 채동욱 몰아내기를 감행하는 것을 보면서, 이 정권이 민주주 의는 할 생각이 없다는 의지를 분명히 한 것이라고 말하는 사람 들까지 나오고 있다. 쓰나미처럼 밀려드는 이 분노와 배신감, 민 주주의를 할 것인가 말 것인가, 그것이 알고 싶다. 대통령의 대답 을 듣고 싶다.

'적반하장 사회 구현'으로 가는가

서울 서초동 대법원과 당주동 변호사회관 앞에 서 있는 여신상은 오른손에 저울을 들고 있다. 고대 로마시대 정의의 여신인 유스티티아 조각상이다. 추(錘)의 무게와 달고자 하는 사물의 무게가 균형을 이루도록 하는 게 저울의 기능이다. 여신상은 죄와 벌의 무게를 달 때 그렇게 눈곱만큼의 편견과 사사로움 없이 공정한 균형을 이뤄야 한다는 점을 역설하고 있다고 했다. 수년 전 칼럼에서 쓴 적이 있다.

서양에서뿐만 아니라 동양에서도 그런 가르침이 있다. '권'(權)이란 한자의 훈독(訓讀, 한자의 뜻을 새기어 읽는 말)에는 '권세'란 말말고도 '저울질할 권'이라는 또 다른 훈독이 있다. 권세는 저울이 균형을 이루듯이 한쪽으로 기울지 않는 평평함을 이뤄야 한다는 선인들의 가르침을 내포하고 있다고 본다.

권세를 수단으로 해서 법을 집행하는 기관이니 사람들은 모름지기 형평성과 타당성과 공정성을 철저히 지키라는 소리다. 말하자면 동양의 '권'(權)과 서양의 '정의의 저울'은 다 똑같이 권력 집행자들의 올바른 자세를 가르치고 있다. 그러나 이 나라에서 그것은 도저히 가능하지 않은 꿈 같은 이야기라고들 말한다.

박근혜 정권의 막강한 법 집행기관인 검찰에서 어처구니없는 일들이 갈피를 못 잡게 너무 자주 벌어지고 있어서 나오는 불평과 불만인 듯싶다. 비열하고 야비한 일까지 일상으로 일어나고 있다고 개탄하는 사람들도 많다. 특히 이번 국정원 대선 개입 사건에서 '윗분들의 뜻에 거슬리는' 수사를 했다 하여 '정직'(停職)이란 중징계를 받는 윤석열 사건을 보면서, 사람들은 타당성과 공정성과 형평성을 상실한 채 부도덕하기까지 한 이 정권의 편견과 사사로움의 극치를 절감하고 있다.

대통령 선거 범죄꾼을 재판에 회부했다고 검찰총장 목을 자르더니, 범죄꾼의 새로운 범죄 사실 밝혀냈다고 악을 쓰며 생트집을 잡아 담당 검사를 매질하는 해괴한 광경이 국민들 앞에서 벌어지고 있다. 정작 국정원 대선 개입 사건 재판부는 윤석열 전 수사팀장이 새로운 범죄 사실을 밝혀낸 '공소장 변경 신청'을 허가했는데도 그랬다. 그런다고 막장 공화국에서나 벌어지곤 하는 범정부적 총체적 선거 부정 사건이 덮이는 것도 아닌데 그랬다.

그러면서도 "야당 도와줄 일 있느냐"는 어처구니없는 소리를 내지르며 범죄꾼 잡는 일을 '방해'한 상관은 징계를 모면했다. 그 상관은 윤석열 수사팀장이 '외압의 진실'을 털어놓을 것을 두려워 한 나머지 "몸이 아프다는 평계를 대고 국회 국정감사장에 나오지 말라"고 압력을 가하기까지 했다는 보도도 있었다.

'정의 사회 구현'은 박정희 · 전두환 씨의 군사 통치 아래서도 거의 노상 외치던 구호였다. 검찰은 그런 구호도 외치지 못했다. '적반하장'(賊反荷杖)은 도둑이 오히려 매를 든다는 사자성어다. 잘못한 사람이 도리어 잘한 사람을 욕하거나 나무라는 경우 쓰는 말이다. 이 땅의 검찰은 그 흔한 정의 사회 구현 구호 한번 외치지 못한 채 '적반하장 사회의 구현'을 위해 결사적으로 덤비는 행태를 보이고 있다. 누군가 뒤에서 지휘하고 있을 것이다.

이 나라 검찰의 균형감각 상실은 어제오늘의 모습이 아니다. 남북 정상회담 대화록 관련 수사를 한다며 야당 대통령 후보를 공개리에 검찰로 소환했다. '참고인' 자격이었다. 그러면서도 국가 기밀인 그 대화록을 어디선가 빼내 대선 때 유세장에서 낭독하고 다닌 여당의 거물 정치인에 대해서는 참고인도 아닌 '국가 기밀 누설 용의자'인데도 쉬쉬하며 서면조사를 했다.

말썽이 나자 검찰은 어쩔 줄 몰라 쩔쩔매고 둘러대기에 급급했다. 보기에 딱했던지 '용의자'가 "검찰청에 출두해 수사 받겠다"고 검찰 입장을 돕는 '은혜'를 베푸는 '허가'를 해줬다. 이번 주부터 그들의 '시혜성(施惠性) 자발적 공개 수사 참여'가 시작된다. 참으로 웃기는 나라다. 서울중앙지검장의 '셀프(self) 감찰'에 이은 '셀프 소환'이라는 새로운 검찰 용어가 그렇게 생겨났다.

검찰청법 제4조는 "검사는 공익의 대표자로서… 국민 전체에 대한 봉사자로서 정치적 중립을 지키고 권한을 남용하지 않는다"고 규정하고 있다. 그러나 오늘 이 땅의 검찰이 '정치적 중립'이란 말에 어울리는 저울로 권력을 행사하고 있다고 믿는 사람은 거의 없다. 검찰 위에 국정원이 있고, 그 위에 청와대의 민정수석과 비서실장으로 이어지는 게 직속 상관 라인이라고 말하는 사람들도 적지 않다.

정부기관들의 대선 개입 사건 수사 과정을 보면서 우리가 느끼는 것은 검찰의 상층부 인사들은 오로지 개인의 영달만을 위해 온몸을 던져 매달리고 있는 것은 아닌가 하는 의구심이다. 그들에게 국민이나 국익이나 정의로움이나 형평성 같은 단어가 머릿속에서 어떤 의미로 작동되는지 궁금하기 짝이 없다.

일간베스트가 전 대통령 김대중 씨를 악의적으로 깎아 내리는 악질적 허위 사실을 인터넷에 유포했다. 2009년 8월 20일 서울 신촌 세브란스 병원에서 촬영된 DJ의 입관식 모습을 게재하면서 "홍어 택배왔습니다"라는 제목과 함께 DJ를 '홍어'라 하고 관을 '택배'라 했다. 동시에 DJ가 차명계좌로 12조 원을 갖고 있다고도 했다. 그게 2013년 10월 31일이었다.

그러나 이 사실은 상처받은 이희호 여사가 검찰에 '인터넷 명예훼손'으로 고소장을 낸 11월 7일에야 세상에 알려졌다. 일주일 동안이나 없었던 일인 듯 잠잠했던 사실이 사람들을 '분노'케 한다고 했다. 가령, 어느 인터넷 매체에서 박정희 씨의 입관식 모습을 게재하면서, "간고등어 택배왔습니다"라는 제목과 함께 박정희 씨를 '간고등어'라 하고 관을 '택배'라 했을 경우에도 일주일씩이나 아무 일 없었던 것처럼 이 나라가 조용할 수 있었겠느냐하는 물음이 있다.

여당은 물론 국정원이나 검찰이나 경찰 등 이 땅의 사정기관들이 즉각 난리를 냈을 것이란 의견들이 많았다. 계엄령이 선포됐을 것이라 말하는 사람까지 있었다. 어울리는 표현이 아닐 수도 있지만 '형평성'이나 '역지사지'(易地思之)란 말은 이런 경우에도 쓰일 수 있다고 생각한다. 서글픈 사실은 DJ와 관련된, 상상을 초월한 악질적 행위가 특정 계층에서는 아무 죄의식도 없이 상식처럼 인식되고 있다는 점이다. DJ는 종북이요 좌빨이라 그렇다 할지도 모른다.

그러나 DJ는 이 땅의 민주주의를 지켜내기 위해 거의 한평생을 온갖 핍박 속에서 살다 간 사람이다. 이 나라에서 노벨상을 받은 단 한사람이기도 하다. 한마디로 '홍어' 논쟁은 더러운 짓거리다. 그런 논쟁을 일으키는 사람들이 바로 편 가르기를 하면서 나라를 결딴내고, 그렇게 민주주의를 작살나게 짓밟고 있다는 사실을 직시할 필요가 있다. 그 더러운 짓거리가 바로 적을 이롭게 하는 종북이요 좌빨이다.

요 며칠 사이 일어난 쇼킹한 사태가 바로 한국사 교과서를 유신 시절의 단일 국정교과서 체제로 되돌리려는 움직임이다. 아무리 역사 거꾸로 돌리기 작업이 한창이라 해도 이건 가슴 철렁한 이야기가 아닐 수 없다. 국무총리가 국회 예결위에서 "올바른 역사 교육을 위해서는 통일된 국사 교과서가 필요할 수 있다"고 했다. 교육부 쪽에서도 "앞으로 역사는 국정교과서로 갈 것"이라고 단언했다는 보도가 나왔다.

새누리당의 한 실세 의원도 "국어와 국사교과서는 국정체제로 전환해야 한다는 주장에 활발한 논의가 필요하다"고 했다. 필자가 국사 교과서 단일화 추진 소식에 질겁을 하는 이유는 간단하다. 수상한 짓으로 일관해 오던 이 정권이 드디어 가고자 하는 목적지를 분명히 보여주기 시작했다는 점이다.

국사 교과서가 국정체제로 바뀐 것은 1974년 2월이었다. 박정희 정권이 당시 11종이던 중고교 국사 교과서를 1종의 단일 국정 교과서로 만들어 냈다. 그러고는 학생들에게 유신독재의 '정당성'을 주입하는 데 악용하기 시작했다.

1974년 고등학교 국사 교과서는 "대한민국 정부는 1972년 10월, 급변하는 국제 정세에 대처하고 민족 중흥의 역사적 사명을 달성하고자 헌법을 개정하고 10월 유신을 단행하였다. 우리는 이제 한국적 민주주의를 정립하고, 사회의 비능률과 비생산적 요소를 불식해야 할 단계에 와 있다"고 쓰고 있다. 결국 민주주의의 공정성이나 타당성이나 형평성은 "사회의 비능률과 비생산적 요소이므로 불식시켜야 한다"는 이야기가 된다.

어린 학생들에게 그렇게 가르쳐 획일적 역사관을 주입시켰다. 그런 '일사불란 시스템을 만들자'는 의도가 지금 벌어지고 있는 역사 교과서 단일화 추진 작업에는 도사리고 있다. 그 역사 교과서가 바뀐 것은 김대중 정부 때로, 긴 논의를 거쳐 2003년부터 다양한 검인정 교과서가 들어섰다. 새로운 단일 국정교과서 추진 계획 앞에서 우리가 더욱 불안해하는 것은 단일화 작업이 추진된다면 그 한복판에 온통 거짓말과 뒤틀림으로 일관해 온 특별한 국사편찬위원장이 자리 잡을 것이기 때문이다.

그는 지난날 "한국인은 짐승같이 저열하다"거나 "한국인은 도덕적 수준이 낮아 독립을 지키지 못했다"는 식의 괴상한 견해를 표명한 적이 있다. 지금은 이 정권의 도덕적 수준을 말해야 마땅한 시점이지만 그는 분명히 그렇게 말하지 않을 것이다.

국민 모두에게 "앞으로 가!" "우향 우!"이런 식의 일사불란을 이 정권은 기대하는지도 모른다. 국민의 손에 맡겨져야 할 '정당 해산 절차'를 외눈 하나 깜짝하지 않고 밀어붙이는 것을 보면서 "이건 막가파 시스템 아니냐"는 소리도 나온다. 역사 교과서 단일화 추진과 상통하는 이야기다. 두렵다. 소름이 돋는다.

아무리 그렇다 해도 민주주의를 짓밟는 세력은 반드시 국민들로부터 심판받게 되어 있다. 특히 권력을 잡은 사람들은 유스티티아의 저울과 '저울질 할 권(權)'이란 한자 훈독을 거듭거듭 새길 필요가 있다. 역사 앞에서 겸손해져야 한다.

회복되지 않는 박정희 씨의 명예

박근혜 대통령의 핵심 측근 한 사람이 2012년 대선 전, "박근혜 후보가 정치에 입문한 것은 아버지의 명예를 회복하기 위해서였다"고 실토한 적이 있다. 당시에는 사실 여부를 놓고 말들도 많았으나, 그간의 대통령 행적을 살펴보면 '그건 맞는 말일 것'이라는 결론을 내리게 된다. 박근혜 대통령 개인 생각으로는 '좋은 5.16 쿠데타'나 '좋은 유신'이나 '좋은 긴급조치'는 아닐지라도, 아버지는 '온몸을 바쳐 조국과 민족을 위해 사신 분'이라고 온 국민들에게 외치고 싶을 것이다.

그렇게 아버지의 불명예를 씻어내고 싶을 것이다. 물론 사적(私的)인 권력욕에 사로잡힌 독재자였다는 평가엔 절대 동의하지 않을 듯싶다. 그 때문에도 그녀는 대통령의 자리에 오르고 싶어 했을 것이다. 그런 조짐은 대통령에 취임하면서부터 엿보였다.

그렇게 판을 짜 갔다. '박정희 신봉자'인 윤창중 씨를 기용하더니, 유신헌법을 기초하고, 아버지와 공안 통치에 손발을 맞추던 김기춘 씨를 비서실장에 앉혔다.

아버지의 부하였던 4성 장군의 아들을 장관에 임명했고, 역사 교육의 필요성을 강조하면서, 이승만 씨와 박정희 씨를 '바라보는 시각'을 확실히 '손질'할 수 있는 인사를 국사편찬위원장에 등용했다. 난데없는 새마을 예산이 등장하더니, 경제개발 3개년 계획까지 나왔다. 박정희 씨의 경제개발 5개년 계획을 연상시키는 조치였다.

다른 한편으로는 지지 세력들이 10년 동안의 민주 정부 기간을 '종북좌빨 통치 기간'이라 나팔을 불어댔다. 박정희 씨의 명예를 회복하는 데 보탬이 된다고들 생각한 것 같다. 대통령은 역사의 수레바퀴를 사정없이 거꾸로 돌렸다. "1970년대 유신 시대로 가는 거 아니냐"는 투덜거림이 나오기 시작하면서, "으스스하다"는 소리에 이어 "안녕하십니까"라는 절실한 문안 인사가 사회에 만연되기 시작했다.

'박정희식 통치 방식'이 고개를 들었다. '문제'가 생기면 억눌러 해결하고자 했다. 술수까지 동원했다. 심각한 양상으로 떠오른 대선 부정 사건도 NLL 논란을 일으켜 덮어 보려 하다가, 검찰총장 목 자르고 수사검사 찍어내기로 호도해 갔다. 소통은 애당초 있지도 않았다. 불통 일변도 속에 장관들은 지시를 수첩에 받아 적기에 정신이 없다고 했다. 그런 비정상 속에서, "정상화하자"는 공허한 목소리가 나온 데 대해서도 정상과 비정상을 분간 못하는 정권이라고 사람들은 말한다.

대통령은 길을 잘못 접어든 것 같다. 우리가 보기에 지금 가는 길은 아버지의 명예회복과는 거의 상관이 없는 길임이 분명하다. 오히려 박정희 씨의 불명예를 구체적으로 부각시키며 명예를 훼손하는 길로 보인다. 첫 단추부터 그랬다. 사람들은 일찍 알아차렸다. 윤창중 씨와 김기춘 씨의 임명을 보면서 사람들은 쿠데타와 유신과 긴급조치와 인혁당 사건을 떠올렸다. 모두 박정희 씨의 불명예였다.

게다가 박근혜 대통령은 대선 전인 2010년 9월 5.16 쿠데타와 유신과 인혁당 사건 등에 대해 국민들에게 사과까지 했던 터였다. 국사편찬위원장과 국정교과서 문제도 그렇게 고집스럽게 밀어붙일 일이 아니었다. 박정희 씨의 친일 행적, 특히 혈서를 쓰면서까지 일왕에게 충성 맹세를 했던 사실과, 그렇게 일본 군대에 입대했던 일본군 장교 다카키 마사오 이야기를 찾아내 네티즌들은 SNS를 통해 부지런히 퍼 날랐다. 그의 과오를 덮기 위해 역사 교과서 물 타기를 시도하는 것이라고 부각시켰다.

교학사 국사 교과서를 채택한 학교가 전국에 단 한 군데도 없다는 사실도, 박정희 씨의 친일 행적을 덮어 보려는 이 정권의 역사적 사실 '왜곡 시도'에 대한 반발임을 직시할 필요가 있다. 정부 여당은 시민단체 등의 '외압' 때문이라는 평계를 대지만 사실은 그게 움직일 수 없는 도도한 민심임을 깨달아야 한다.

이른바 종북좌빨 논란도 박정희 씨에게는 엄청난 '명예 실추 부메랑'이 되어 돌아왔다. 1971년 대선에서 김대중 후보는 공약으로 4대국 보장론을 역설한다. 미국·일본·중국·소련 등 4대국으로 하여금 한반도의 평화를 보장케 하자는 탁월한 논리였다. 김 후보의 인기는 민주공화당의 박정희 후보를 간발의 차이로 추격하고 있었다. 이때에 박정희 후보가 하나의 카드를 꺼내든다. 김대중 후보를 사상적으로 문제가 있는 '빨갱이'로 몰아대기 시작했다.

중국과 소련의 도움을 받는 발상은 빨갱이가 아니면 상상도 할 수 없는 일이라는 논리였다. 그때부터 DJ는 죽는 날까지 빨갱이가 되었다. 유명을 달리한 지금도 DJ는 일부 계층 인사들에게는 빨갱이로 남아 있다. 그러나 1971년 DJ의 4대국 보장론은 40년이 지난 오늘날 남북한까지 합석하는 6자회담이 되어 우리 앞에 자리 잡고 있다.

진짜 '빨갱이'는 박정희 씨였다. 박정희 씨는 해방 직후 남로당의 군부 책임자였다. 육군 소령으로 체포돼 군사재판에서 무기징역을 선고받은 '분명한 적색분자'가 그의 전력이었다. 체포된 뒤 남로당에 가입한 동료들의 명단을 밀고하며 전향한 대가로 형 집행정지 처분을 받고 복직도 되었다.

그런 그가 사상 문제로 체포된 적도 없고, 유죄 판결 받은 적도, 따라서 전향한 적도 없는 DJ를 빨갱이로 밀어붙이는 파렴치한 종북몰이를 했다. 그는 집권 기간 중 그 누구도 자신의 과거에

1963년 10월 13일 동아일보 호외

대해 입도 뻥끗하지 못하게 했다. 1970년대 초《크리스천 사이언스 모니터》지의 엘리자베스 폰드(Elizabeth Pond) 특파원은 박정희 씨의 과거를 언급한 '죄'로 남한 입국을 금지 당하기도 했다.

그가 원조가 된 종북좌빨 타령에 신물이 난 사람들 중 누군가 어느 날 박정희 씨가 빨갱이였음을 증명하는 귀중한 기록을 찾아 내 세상에 까발렸다. 1963년 대통령 선거 이틀 전인 10월 13일 민정당 윤보선 후보 측이 폭로한 내용을 보도한《동아일보》호외 사진이었다. 문제의 호외는 발행되자마자 당시 군부에 의해 압수되었던 것으로 알려졌다.

호외에는 1949년 2월 18일 군법회의에서 박정희 씨가 무기징역을 언도받은 내용이 소상히 기록되어 있다. 과도한 종북몰이가 부메랑이 되어 대문짝만 한 사진과 함께 세상에 알려졌다. 지금

이야 그 호외 사진을 보도 못하게 할 수도 없다. 구체적인 사실이 부각된 참혹한 명예훼손이었다. 요컨대 박정희 씨의 명예는 회복되지 않았다. 진실이 감춰지지 않았기 때문이었다.

그리고는 며칠 전(현지 시각 2013년 1월 13일) 이번에는 바다 건너 미국에서 박정희 씨 부녀의 명예가 미국인들에게도 훼손돼 강조되는 사실 보도가 나왔다. 유력 일간지 《뉴욕타임스》가 '정치인과 교과서'라는 사설을 통해 박근혜 대통령과 아베 신조 일본 총리의 '뒤틀린 역사관'을 비판하는 기사를 썼다. 《뉴욕타임스》는 우선 아베 총리에 대해 "위안부 문제를 교과서에서 지우길 원하고 난징대학살도 축소해 기술되기를 원한다"고 했다.

박근혜 대통령도 친일파 인사들의 친일 행각이 물 타기 되기를 원하고 있는 것으로 보도했다. 곁들여 오늘날 한국 사회의 주류 인사들은 다수가 일제 때 친일하던 사람들의 후예라고 강조한 《뉴욕타임스》는 "박근혜 대통령의 아버지 박정희 씨가 식민 통치 기간 중 일본군의 장교였으며, 1962년부터 1979년까지 한국의 독재자였다"고 보도했다. 박근혜 대통령의 '역사적 사실 축소 기술' 희망이 아버지 때문임을 짙게 암시했다.

사설은 "교과서를 개정하기 위한 두 나라 정상의 위태로운 시도는 역사의 교훈을 훼손하려는 위협이 되고 있다"고 비판했다. 대통령과 대통령 아버지에 대한 비판인 만큼 정부는 발끈했다. 이례적으로 외교부와 교육부 등 복수의 정부 부처가 나서 "사실과 다르다"고 목청을 높였다. 여당의 실세 의원까지 해당 언론을 비난하고 나섰다. 그러나 사람들은 이 땅에서 일어나고 있는 일을 이 땅의 기자들은 제대로 짚어내지 못하고 있는데도, 남의 나라 언론이 예리하게 분석해 냈다고 말들을 한다.

대통령은 아버지 명예를 회복하기 위해 그토록 노심초사하고 있는데도, 오히려 훼손돼 가고 있는 까닭을 살펴볼 필요가 있다. 진실은 덮이지 않기 때문이다. '명예회복'이라는 '의도'에 맞게 역사 교과서 내용까지 어찌어찌 해 보려 하는지 모르지만, 이념에 맞도록 진실을 조작해서는 안 될 일이다. 무리한 명예 회복 시도는 과욕일 뿐이다. 부작용이 나오게 되어 있다.

대통령에게는 좀 미안한 이야기지만, 이제 와서 박정희 씨가 일본군 장교 출신이었고, 적색분자였으며, 독재자였다는 역사적 진실이 바뀔 수는 없다. 이제부터라도 박근혜 대통령은 생각을 고쳐먹어야 한다. 힘들겠지만 정치인 박정희 씨와는 작별을 하는 게 좋다. 지금 주변에 짙게 드리워져 있는 박정희 씨의 냄새도 과감히 제거하는 게 옳다. 뒤돌아보는 정치에 연연해서는 안 된다. 멀리 미래를 보는 당당한 정치에 매달려야 한다.

재판과 '개판' 사이

정지영 감독이 메가폰을 잡은 영화 〈부러진 화살〉은 제작비가 15억 원에 불과했다. 빈약한 편이었다. 당초 다들 별로 기대도 하지 않았던 이유도 그 때문이었다. 그런 그 영화가 347만 명의 관객을 불러 모아 극장 매출 256억 원의 대박을 터뜨렸다. 2011년 설 연휴 극장가를 휘몰아친 이 영화에는 그러나 그러고도 남을 만한 까닭이 있었다. 바로 재판의 불공정성을 통렬하게 고발하며 관객을 꼼짝 못하게 사로잡은 배우 안성기가 "이게 재판입니까, 개판이지"라고 외친 한마디 절규 때문이었다.

실화를 바탕으로 해서 만든 영화였다. 재임용 탈락에 앙앙불락하던 한 교수가 재판에 불만을 품고 재판장인 판사를 찾아가 석궁을 쏘았다는 이른바 '석궁 테러' 사건이 영화의 배경이다. 증거물로 있어야 할 부러진 화살이 어디론가 사라졌다. 화살을 맞았다는 판사의 속옷과 조끼에는 핏자국이 있었으나 와이셔츠에는 피가 묻어 있지 않았다. 피고인은 여러 차례 법원에 혈액 감정을 신청했으나 묵살당했다.

영화 속에서 안성기는 이 재판을 '개판'이라고 매섭게 꾸짖는다. 법원 측은 때문에 영화가 상영되기 전부터 각급 법원과 언론에 '해명자료'를 배포할 정도로 '영화 때문에' 속앓이가 심했던 것으로 알려졌다. 문제는 오랫동안 이 나라 국민들의 마음속에 쌓여 온 '재판이라는 것에 대한 생각'이었다. 재판의 불공정에 대한 불만이었다. 죄를 지었어도 돈 있는 사람들은 무죄가 되고, 죄가 없어도 돈이 없으면 유죄가 되는 서민들의 보편적 생각이 지금도 널리 퍼져 있다.

게다가 이 나라에서는 특히 정치권의 필요에 따라 무수한 빨갱이와 간첩들이 조작되어 양산돼 왔다. 영화 〈변호인〉에서도 보았다. 재판 과정을 거쳐 그렇게 결론 지어졌다. 다른 칼럼에서도 잠깐 언급했듯이 군부의 뜻에 맞지 않는 판결을 내렸다 하여 대법원장이 판사에게 "국가관이 없다"고 호통 치는 모습도 국민들은 보았다. 다 '개판'들이었다. 그게 '재판이라는 것에 대한 국민들의 생각'이었다.

영화 〈부러진 화살〉의 "이게 재판입니까, 개판이지"라는 안성기의 절규에 국민들은 함성이라도 지르고 싶을 정도의 쾌감을 느낀 것으로 보인다. 문제는 지금도 '오랜 옛날' 이루어진 재판이 '사실은 개판이었음'이 밝혀지는 재판 결과가 계속해 나오고 있다는 사실이다.

납북 어부들을 간첩으로 제조한 '개판'들이, 유신치하에서의 '개판'들이, 긴급조치 때의 '개판'들이 시나브로 밝혀졌으며, 박정희 씨 개인의 정권 안보를 위해 생사람을 살해하기까지 한 인혁당 사건 '개판'도 그리 오래된 일이 아니다. 대통령을 지낸 김대중 씨도 야당 지도자였을 때 '개판'을 통해 내란 · 선동 음모자가 되기까지 했다. 그 검사들이나 '개판'을 이끈 판사들은 지금 다 어디서 무엇이 되어 있을까.

전 세계 민주주의를 한다는 나라 가운데에서 대한민국만큼 '개판'이 많았던 나라는 단언컨대 없었을 것이라고 생각한다. 지난 날의 재판이 재심을 통해 '개판'이었음이 지금도 계속 드러나고 있기 때문에 하는 소리다. 영화 〈변호인〉의 부림 사건 재판은 33년 만에 '개판'이었던 것으로 밝혀졌다. 억울하게 유죄 판결을 받은 다섯 명에게 재심 청구 소송에서 '무죄'가 선고되었다.

정권 퇴진을 요구하게끔 동료에게 분신 · 투신자살을 하도록 부추기며, 유서까지 대신 써 준 것으로 몰려, 억울한 옥살이를 하는 등 인생이 망가지는 고통을 당한 강기훈 씨도 재심 결과 무죄가 나왔다. 22년 전 유죄를 선고한 재판이 '개판'이었던 사실이 드러난 셈이다.

알다시피 부림 사건은 1981년 전두환 정권 시절 공안당국이 사회과학 독서모임을 하던 학생과 교사 회사원 등을 영장 없이 체포해 불법 감금하고 고문해, 국가보안법 · 계엄법 · 집시법 위반

등의 혐의를 씌워 기소한 이른바 부산 지역 최대의 공안 사건이 었다. 이 사건의 변호를 맡은 노무현 당시 변호사는 이 사건을 계기로 인권변호사의 길을 걷게 된다.

강기훈 씨 유서 대필 사건도 무리한 공안몰이 범죄였다. 1991년 4월 명지대생 강경대 씨가 시위 도중 경찰의 집단 구타로 사망하자, 이를 항의하며 김기설 씨가 서강대 옥상에서 분신 후 투신 자살한다. 검찰은 동료였던 강기훈 씨를 지목해, 김 씨를 투신 자살하도록 부추겼으며, 유서까지 대필해 주었다고 터무니없는 증거를 들이대 법정에서 징역 3년을 선고토록 몰아갔다.

지금 살피면 누구의 눈으로 봐도 다른 필적인데도, 당시 국립과학수사연구소는 김 씨의 유서를 강 씨의 필적과 같다는 엉터리 감정 결과를 생산해 강 씨 유죄의 증거가 되도록 했다. 강 씨는 이 누명을 벗기 위해 20여 년 동안 온몸으로 뛰어다니며 몸부림쳤다. 지금은 암에 걸려 투병중이다.

부림 사건의 억울한 민초들도 처음 잡혀가 고문당할 때는 20대의 꽃다운 나이였으나, 지금은 머리가 벗겨지고 얼굴에 짙은 주름이 파고든 50대 중늙은이들이 되어 있다. 죄 하나 없는 이들이, 가족들이 평생 겪었을 쓰라린 고초를 우리는 어림할 수도 없다. 그 무엇으로도 보상할 수 없는 일이다.

이 나라에 태어난 죄로 피해자되었을 뿐인 이들이 필설로 형언할 수 없는 고통을 겪는 동안, 이들에게 '개판'을 통해 죄를 뒤집어씌운 가해자, 특히 검사들은 고위직으로 국회의원으로 승승

장구하면서 세상의 단물을 독차지할 것처럼 빨며 살았다. 대부분 지금도 그렇게 살고 있다. 피해자들이 무죄를 선고받자 그들은 반성은커녕 하나같이 "자율성이 보장되는 상황에서 고문이 있었을 리 없다" "유서 대필이 아니라는 것은 난센스"라는 어처구니없는 반응들을 보이고 있다.

세상에 정의라는 게 있는 건지, 죄와 벌이라는 게 올바르게 내려지는 것인지 알 수가 없다. 형사 법정에서 재판이 '개판'이 되는 경우 대개는 죄 없는 사실들이 유죄의 증거로 조작되는 게 상례다. 그렇게 증거가 조작되어 국제적으로까지 뻔뻔함의 극치를 이룬 초대형 '개판'이 터졌다.

국가정보원과 검찰이 서울시 공무원 간첩 사건 항소심 재판 과정에서 유우성 씨의 간첩 혐의를 뒷받침하는 증거라며 법정에 제출한 유 씨의 북한 출입경 중국 기록이 모두 위조된 것으로 밝혀졌다고 했다. 유 씨는 서울시 공무원으로 일하면서 간첩 활동을 했다 해서 기소돼, 1심에서 간첩 혐의에 대해 무죄를 선고받고 현재 항소심 재판을 받고 있다.

문제의 출입경 기록을 놓고 항소심 재판부가 사실 여부를 조회한데 대해, 중국 정부가 "문제의 출입경 기록은 모두 위조된 것"이라는 회신을 보내왔다는 이야기다. 중국 정부의 공식적인 확인이라 했다. 자연스럽게 국가정보원과 검찰이 1심에서 '간첩 혐의 무죄'를 선고받은 유 씨를 '항소심 유죄'로 이끌기 위해 증거를 조작했다는 의혹이 제기된다. 이건 보통 문제가 아니다.

변호인단이 지난달 출입경 기록이 위조된 것으로 의심된다는 의혹을 제기하자, 검찰은 "공식 절차를 통하지는 않았으나 중국 당국으로부터 받은 문서가 맞다"는 의견서까지 냈다고 했다. 게다가 중국 정부가 문서를 위조한 사람에 대한 형사 책임을 묻겠다며 우리 재판부에 협조 요청까지 해 온 것으로 알려졌다. "한국 검찰 측이 제출한 위조 공문은 중국 기관의 공문과 도장을 위조한 형사 범죄에 해당한다. 책임을 규명코자 하니 위조 문서의 상세한 출처를 알려 달라"고 요청했다는 것이다.

사건을 처음 수사한 곳은 국가정보원이고 검찰이 기소했다고 했다. 그렇다면 이 기록의 출처는 국가정보원일 가능성이 높다. 국가정보원과 검찰이 이 파렴치한 범죄의 진상에 대해 대답할 차례가 되었다. 옛날에 이뤄진 '개판'도 아니다. 지금 이뤄져 진행 중인, 외교 분쟁까지 우려되는 '개판'이다. 죄 없는 사람을 죄인 만들기 위해 물불 가리지 않고 증거 조작하다 터진 국제적 망신살일 수도 있다. 대한민국 국가정보원과 검찰은 '개판' 제조 전문 기관이란 소리를 들어도 할 말이 없게 되었다.

재판과 '개판' 사이에는 대개 조작된 증거가 끼어 있다. 증거 조작에 손을 댈 수 있는 기관은 제한적이다. 검찰일 수밖에 없다고 사람들은 본다. 그래서 흔히 '개판'의 책임을 검찰로 몰아가지만, 사실은 재판을 이끌어가는 건 판사다. 판사의 책임이다. 그래서 재판은 판사가 임자요, '결론'도 판사가 내린다.

헌법에도 있다. 법과 양심에 따라 독립하여 판단해야 하는 게 판사다. 양심과 독립성을 배제한 채 법 조항대로 판단해서도 안된다. 인권 최후의 보루가 사법부라는 소리는 그래서 나와 있다. 그게 판사들이 유념해야 할 사명감이다.

4부
유신의 진성한 송결,
그리고 새로운 시작을 위하여

출처

· 비로소 유신이 끝났다 — 2017년 3월 10일 《프레시안》

· '바꿔치기 대통령'의 비극 — 2017년 11월 9일 《프레시안》

· 이명박의 죄와 벌 — 2018년 2월 19일 《프레시안》

· 태극기, 제자리에 갖다 놓으라! — 2018년 3월 2일 《프레시안》

· 홍준표식 정치 보복의 추억 — 2018년 4월 16일 《프레시안》

· '양승태 대법원'의 군사문화, 그는 박근혜 사령관의 법무 참모였나 — 2018년 6
월 8일 《프레시안》

비로소 유신이 끝났다

탄핵안이 인용되었다. 만감이 교차됨을 숨길 수가 없다. "비로소 유신이 끝났다"고 입을 여는 사람들도 나오고 있다. 박근혜 씨가 대통령 시절은 물론 정치인이었던 때를 포함해, 거의 평생을 절대 가치로 삼았던 '아버지의 방식'이 더 이상 펼쳐질 마당이 없어졌다는 이야기일 것이다. 아닌 게 아니라, 유신은 이제 명실상부하게 막을 내렸다.

박근혜 씨의 아버지 사랑과 아버지 따라 하기는 남다른 데가 있었다. 우선 그녀는 자라면서 보고 배운 대로 아버지처럼 군사문화를 숭상했다. 군사문화란 무엇인가. 승리만 인정받는 문화요, 일사불란이 요구되는 능률 추구 문화다. 군사문화 사전에 페어플레이란 없다. 병영 밖으로 나오면 안 되는 문화였다.

게다가 그녀는 민주주의에 대한 교육이나 훈련이 전혀 되지 않왔다. 따라서 민주주의에서 강조되는 대화나 소통이나 타협은 우선순위에서 배제될 수밖에 없었다. 그녀가 당대표 시절부터 '고집'이니 '불통'이니 하는 소리를 끊임없이 들은 것도 다 그 때문이었을 것이다.

서슬 퍼런 공안정국에 지대한 관심을 보였고, 능률 선호는 성장 일변도의 재벌 사랑으로 이어졌다. 자연스럽게 기득권 비리와 패거리 문화가 판을 이뤘다. 스스로 구정물에도 발을 담갔으며, 국정원과 검찰 사랑에도 남다른 모습을 보였다. 철이 지나도 한참 지난 새마을 운동에 대한 애정이나 터무니없는 국정교과서 밀어붙이기는 아버지를 향한 사부곡(思父曲)이었다.

이 모든 것들의 바탕에 아버지의 '유신 정신'이 깔려있었다고 보는 게 옳을 듯싶다. 바로 아버지에 이어 국민 우습게 본 그것이, 결과적으로 이 나라 역사상 초유의 대통령 파면이라는 엄청난 불행을 몰고 왔다고 보아야 한다. 그래서 필자는《대통령 복도 지지리 없는 나라》(2017년, 산해 펴냄)라는 책도 썼다.

유신, 그것은 종신 집권을 노린 한 철권 통치자의 탐욕에 업혀서 점령군처럼 이 땅에 찾아왔다. 1972년 10월 17일 저녁, KBS 라디오가 군가를 섞어가며 긴급 뉴스를 숨 가쁘게 전하고 있었다. 당장 그날로 국회가 해산되고 언론 출판 집회 결사의 자유가 없어졌으며, 대통령도 간접선거로 뽑는다 했다. 국회의원도 정수의 3분의 1을 대통령이 임명한다는 청천벽력 같은 뉴스였다.

한마디로 '민주주의 헌법 기능의 말살'이었다. 알 수 없는 것은 북한의 위협에 맞선다며 '반공'과 '국가 안보'의 기치를 내거는 대목이었다. 필자는 그때 입사 4년 차 기자였다. 바로 석 달 전인 그해 7월 4일 남북공동성명 발표로 남북 화해 분위기가 조성돼 가고 있었는데, 왜 갑자기 남북 관계가 험악해지고 왜 반공이 구호로 등장한 것인지 도대체 알 수가 없었다.

훗날 밝혀진 일이지만, 유신을 하면서 내건 구실이 '반공'이었음에도 불구하고, 박정희는 사전에 "유신을 단행한다"는 정보를 세 번이나 김일성에게 통보했다. 이후락(전 중앙정보부 부장)이 박성철(북한 부수상)과 김영주(북한 노동당 조직부장)에게 각각 통보해 주고, 남북조절위원회 정홍진(중앙정보부 협의조정국장)이 북한 측 김덕현에게 구체적 내용을 알려준 것으로 되어 있다.

그렇게 박정희가 종신 집권체제를 준비하자, 그해 12월 김일성도 주석제를 도입해 역시 종신 집권체제를 완벽하게 갖췄다. '적대적 의존체제'의 완성이었다. 말하자면, 남북이 사이좋게 짜고 고스톱을 친 것이었다.

유신헌법에 따라, 남측에선 그해 12월 23일 통일주체국민회의라는 이름의 대통령 선거인단이 체육관에 모여 대통령을 새로 뽑았다. 단일후보인 박정희는 '임명된' 선거인단 2,359명 가운데 2,357명의 지지(2표는 무효였다)를 얻어 대통령에 선출되었다. 유신체제의 박정희는 대통령 선거에서 낙선할 이유가 없어진 것이었다. 유신이란 그렇게 장기 집권 욕심에 눈이 어두워 국민을 우습게 안 무시무시한 제도였다.

그 무렵 박정희를 비롯한 수뇌부 참모들은 유신을 '한국적 민주주의'라는 해괴한 호칭으로 불렀다. 당시 임명되던 내무 법무 등 장관들은 "유신 이념을 구현하는 데 신명을 바치겠다"는 소감을 TV를 통해 내보내곤 했다. 그때만 해도 대부분의 국민들은 그게 무슨 뜻인지 모른 채 "나라 일을 열심히 하는 데 신명을 바치겠다"는 각오쯤으로 알아들었다. 그러나 유신 이념의 구현이란 무슨 말인가. 박정희가 종신 집권하도록 하는 게 유신 이념이었다.

박근혜 씨도 정치를 시작하기 전인 1981년에는 "유신이 없었더라면 (이 나라는) 아마도 공산당의 밥이 되었을 것"이라고 말했다. 그러던 그녀가 2012년 대선후보 때는 유신에 대해 "헌법 가치가 훼손되고 정치 발전을 저해시키는 결과를 가져왔다"며 사과했다. 그러나 그녀는 대통령에 당선된 후, 유신헌법을 만든 세 사람 중 한 명인 김기춘을 대통령 비서실장으로 기용했다. 그게 그녀의 '아버지의 유신'에 대한 생각이었다. 아버지처럼 정의와 국민을 우습게 본 것이었다.

이 나라에서 정의와 국민을 우습게 본 최초의 대통령은 이승만이었다. 해방이 되면서 나라가 혼란에 빠졌을 때 이승만은 친일파들과 손을 잡고 그들을 권력 유지의 핵심 세력으로 활용했다. 일본 치하에서 독립군을 잡으러 다니던 고등계 형사나 죄 없는 백성들을 수탈하던 악덕 부호들이 응징을 받기는커녕, 이승만이 나눠준 완장을 차고 오히려 애국자인 척 떵떵거리며 갑질 횡포를 일삼았다.

반민족 행위 특별 조사위원회(반민특위)가 구성되고 반민족 행위 처벌법이 마련됐으나 이승만과 친일파 기득권 세력의 완강한 저항에 부딪쳤다. 이승만은 "반민특위가 삼권분립에 위배된다"며 서울 중부경찰서장을 시켜 반민특위 사무실을 습격하기도 한다. 역사와 민족 앞에 죄를 지은 친일파들이 준엄한 처벌을 받지 않은 채, 청천백일 하에 횡포까지 부리는 희한한 사태가 연출되었다.

그럴 일이 아니었다. 이승만은 죄 많은 친일 세력들을 엄하게 단죄해, 역사와 정의를 바로 세우는 선례를 만들었어야 했다. 아무리 질 나쁜 죄를 지었어도, 시류를 잘 타고 줄만 잘 잡으면 얼마든지 영화를 누릴 수 있다는 '한국적 교훈'을 이승만은 만들어냈다.

그들은 이승만의 자유당에 들어가 단물을 빨다가, 박정희가 쿠데타로 정권을 잡자, 날쌔게 민주공화당에 들어가 뿌리를 내렸다. 그 기득권 집단이 대를 이어 오늘날까지도 호의호식하고 있는 것을 모르는 사람 거의 없다. 그게 바로 이승만의 '죄'라고 지적하는 사람들이 많다.

프랑스는 그렇게 하지 않았다. 나치의 점령 기간이 우리보다 훨씬 적은 4년에 불과한데도, 그들은 가혹하게 부역자들을 정리해, 역사와 정의를 굳건하게 바로 세웠다. 시민들에 의한 보복 약식 재판으로 1만여 명이 처형됐고, 최고 재판소의 정식 재판을 통해서도 767명이 사형 집행되었다. 9만5,000여 명이 실형 선고를 받았으며, 여성도 2만여 명이 삭발을 당했다.

특히 언론인들과 작가들에 대한 처벌은 혹독했다. 글과 책과 기사로 프랑스 정신을 타락시켰다는 이유였다. 우리와는 달라도 너무나 달랐다. 그렇게 가혹했기에 역사와 정의가 바로 섰다고 그들은 자랑스러워한다. 오늘날 이 나라 실상과 반드시 비교해 보아야 한다는 엄중한 목소리도 나온다. 때문에 이 땅의 불공정과 부도덕의 시작을 만든 이승만에게 손가락질하는 사람들이 매우 많다.

대통령의 파면이라는 초유의 사태를 놓고 각오를 새롭게 해야 할 때다. 이제는 나라가 정의롭고 정직하고 건강해졌으면 좋겠다. 저 높은 꼭대기에서부터 맑은 윗물이 흘러내렸으면 좋겠다. 유신의 구정물 같은 것 분명히 걷어내고 밑바닥 민초들의 세상에까지 맑은 물이 넘쳐났으면 좋겠다. 그렇게 정의가 뿌리를 굳게 내리고, 국민 우습게 알지 않는 새 나라가 이루어졌으면 좋겠다.

'바꿔치기 대통령'의 비극

헌정사상 처음으로 대통령 자리에서 파면된 박근혜 씨가, 제1호 당원으로 이름을 올렸던 자유한국당에서까지 쫓겨나자, 곳곳에서 뒷말이 무성하다. 문자 그대로 '설상가상'이었다. 그는 국정농단 사건의 주범으로 구속돼 있으면서, '재판 거부'까지 이어가는 중이다. 자유한국당에서는 그녀의 제명을 놓고 여러 소리가 나오고 있으나, 쉽게 말해서 "당이 얼굴을 들고 다닐 수 없게 되었기 때문"이라는 볼멘소리가 설득력을 얻는 듯하다.

사유야 어찌 됐건 부모 모두 참혹한 죽임을 당한데 이어, 본인까지 가혹한 말로(末路)를 맞이하고 있는 듯한 느낌이어서, 인간적으로 연민의 정을 금할 수 없다. 새삼 '천국'과 '지옥'을 오간 그의 일생을 살펴보며 '그가 평범한 사람으로 세상을 살았으면 어찌 되었을까?' 하는 생각을 해 보게 된다.

한마디로 그녀는 애당초 민주주의 한다는 나라에서, 대통령이 되지 말았어야 했다고 필자는 생각한다. 무엇보다도 그녀에게서는 민주 시민으로서의 기초적인 소양조차도 느껴지지 않는다고 사람들은 입을 모은다. 우리가 아는 대로, 그녀가 남다른 유년기와 성장 과정을 거치면서, 민주주의 교육을 거의 접해 보지 못한 태생적 한계를 말하는 목소리들이다.

때문에 '군사문화'나 '일사불란'이나 '불통' 앞에서 '공정', '대화'나 '존중', '설득' 따위는 맥을 못 추게 되어 있다고, 그래서 그는 대통령이 되어서는 안 되는 거였다는 이야기다. 원천적으로 자질에 문제가 있었다는 말이다. 그를 구속해 재판대에 세운 기소장을 보면, 이런저런 범죄를 저질렀다고 적혀 있으나, 요약하자면 그의 죄는 최순실 씨와 함께, 국민을 속이며 나라를 요절낸 대목이 될 듯싶다.

우리 헌법 제1조는 이 나라가 민주주의 국가임을 밝히면서, 나라 주인이 바로 국민이라 강조하고 있다. 헌법이 그 국민의 주인 된 권한을 그저 위임해 주었을 뿐인데도, 그는 그 약속된 믿음의 고리를 스스로 끊어 버렸다. 헌법재판소의 탄핵 사건 결정문도 그가 '국민 신임을 배반'했다고 적시했다. 헌법에 따라 정당한 절차가 진행 중인 재판을 그녀가 보이콧하고 있는 것도 바로 '신임 배반' 차원의 작태라고 사람들은 말한다.

그가 대통령이 되는 과정도 공정하거나 당당해 보이지 않는다. 요즘 국정원 수사 과정에서 무더기로 쏟아져 나오는 '별난' 이야기들 대부분은, 바로 2012년 대선을 앞두고 박근혜 후보를 당선시키기 위해 국정원이 벌인 지극히 온당치 못한 사연들이다. 이 나라에서 가장 힘센 정보기관인 국가정보원이 팔을 걷어붙이고 총대를 멘 이야기다.

대선에 대비해 심리전단이 탈바꿈되고, 수천 명의 민간인 댓글 부대가 꾸려졌다. 단순한 정부 업적 홍보를 위한 것이 아니었다. 국민들의 뇌리에 특정 후보가 각인 되도록 속임수 여론을 조작하고 확대 재생산하는 정치공작 조직이었다. 국가정보원 법에 따르면 국정원은 정치 활동을 할 수 없게 되어 있으나, MB맨인 원세훈 원장은 기회 있을 때마다 "국정원은 법을 초월해 일할 수 있어야 한다"고 직원들을 독려한 것으로 전해진다.

여론 조작 댓글 작업은 치열했다고 했다. 포털 사이트 다음의 토론광장인 아고라까지 국정원 조직이 장악했던 사실은 대부분 모른다. 토론 글의 절반 정도를 국정원 심리전단과 민간 댓글부대인 사이버 외곽팀이 벌떼처럼 덤벼 도배질한 적도 있다고 했다. 무시무시한 이야기다.

구실은 이른바 '좌티즌(좌익 네티즌) 척결 작업'이었으나, 포커스는 박근혜 대선 지원이었다. 이 정치 공작 댓글 작업은 국정원의 영향권 안에서 군의 사이버 사령부와 기무사에서도 맹렬히 이뤄졌다. 거의 모든 언론도 국정원의 손바닥 위에서 놀았다. 국정원이 만든 한 방송사 대책 문건에는 '공정 보도 견제 활동 강화'라는 기막힌 대목이 있다는 보도도 나왔다.

별도로 국정원은 박승춘 씨가 만든 국가발전미래교육협의회에도 거액을 대주며, 전국 각지의 예비군 정신 교육장에서 박근혜 찬가를 부르도록 했다. 그뿐만 아니라 분위기를 조성하기 위해 DJ가 받은 노벨상을 취소해 달라고 노벨상위원회에 청원서를 내기도 했다. 그야말로 무불간섭(無不干涉)에 무소불위(無所不爲)였다. 나쁜 짓이란 나쁜 짓은 빼놓지 않고 해낸 셈이었다. 대공 업무를 다루게 되어 있는 대한민국 국가정보원이 그랬다.

국가정보원은 대통령 직속 기관으로 대통령의 지시와 감독을 받아야 한다. 그런 국정원이 이명박 당시 대통령 모르게 일을 벌였다고 믿을 사람은 없다. 때가 때였던지라 그 무렵 대통령은 원세훈 원장으로부터 소소한 것까지 '관심 사항'을 수시로 보고받고 있었다.

박근혜 후보가 대통령이 되는 데에는 결정적인 순간에 경찰의 '결정적 한 건(件)'이 있었다. 대선을 여드레 앞둔 2012년 12월 11일 서울 강남구 역삼동의 한 오피스텔에서 국정원 심리전단 여직원이 정치 댓글 작업을 하다 야당 측에 발각되었다. 그때까지만 해도 국정원의 조직적 댓글 공작은 쉬쉬하던 상태였다. 대선 판이 발칵 뒤집혔다. 내키지 않았으나, 경찰이 수사에 나서지 않을 수 없었다.

그리고 대선 불과 사흘 전인 12월 16일 경찰이 밤 11시 넘어 무슨 작전을 펼치듯 황급히 한 장의 보도자료를 내놓았다. "대선 후보 관련 비방 · 지지 게시물은 발견되지 않았다"는 것이었다. 물론 거짓이었다. 그때 경찰은 이미 국정원에 의한 조직적 댓글 작업이 이뤄지고 있다는 사실을 파악하고 있었다. 대선을 코앞에 둔 그날 밤 경찰의 이 발표는 선거 결과에 결정적 영향을 미친 것으로 밝혀진다.

2013년 12월 19일, 대선 1년에 즈음하여 여론조사기관 리서치뷰가 전국의 유권자 1,000명을 대상으로 한 의미 있는 여론조사 결과를 내놓았다. "만약 작년 대선 직전 국정원 대선 개입 사건에 대해 경찰이 사실대로 수사 결과를 발표했다면 누구에게 투표했을 것인가"라는 질문에, 박근혜 후보에게 투표한 511명 중 81.8%의 응답자들은 '그래도 박근혜 후보에게 투표했을 것'이라 했으나, 12.9%는 '문재인 후보에게 투표했을 것'이라고 답했다는 것이다.

리서치뷰는 '문재인 후보에게 투표했을 것'이라 답한 응답자 12.9%를 박근혜 후보의 득표 51.55%에 대입하면 6.65%가 되고, 이를 대선 득표율에 반영할 경우 박근혜 후보 득표율은 51.55%에서 44.9%로 낮아진다고 분석했다. 반면 문재인 후보의 득표율은 49.02%에서 54.67%로 높아진다고 설명했다. 당락이 뒤바뀌는 결과가 된다.

물론 '1년 뒤'의 '여론조사' 내용일 뿐이다. 허나 MB정권이 국정원과 검 · 경 · 군 · 언론 등을 총동원해 국민 속이기를 한 사실을 아는 사람들은 적지 않게 고개를 끄덕인다. 대통령이 바꿔치기 되었을 가능성이 높다는 소리다. 바꿔치기 된 대통령은 박근혜 씨이고, 대통령을 바꿔치기 한 사람은 MB라는 이야기일 것이다. MB는 왜 그런 끔찍한 일을 강행했을까. 대답은 간단하다. MB 자신의 '대통령 임기가 끝난 후의 안전 보장' 때문이었을 것이라고 사람들은 말한다.

보도되고 있는 대로 국가정보원은 박근혜 정권이 들어선 이후에도 대통령과 손발을 맞춰가며 나쁜 짓을 이어갔다. 일부 '살아 있는' 검사들에 의해 대선 댓글 작업에 대한 수사가 시작되자, 박근혜 당시 대통령은 원세훈 전 원장을 기소했다는 이유로 괘씸죄를 적용해 검찰총장의 목을 쳤다. 문제의 대선 댓글 수사 과정에서 검찰의 압수수색이 임박하자, 국정원은 허위 서류 등을 비치한 가짜 심리전단 사무실을 만들어 놓는 기상천외의 사기극을 벌이기까지 했다.

박근혜 청와대가 "돈 좀 가져오라"고 하면 국정원 간부가 5만 원권 다발을 007가방에 채워 007 접선 공작하듯이 몰래 문고리 비서관들에게 전달하기도 했다. 규정상 정당한 돈이 아니었다. 그게 다 우리가 낸 세금이었다. 흥청망청이었다.

지난(2017년) 1월 25일 구치소에서 특검에 조사를 받으러 오던 최순실 씨가 호송버스에서 내리면서 고래고래 소리를 질렀다. "여기는 더 이상 민주주의 특검이 아니다"라고 입을 열더니, "자백을 강요받았다"에 "억울하다"고도 했다. 모두들 어이없어하던 그때, 한 60대 청소 노동자가 작심한 듯 목청을 높여 최 씨를 꾸짖는다. "염병하네!"라고 세 번이나 외쳤다. 그러지 않아도 국정 농단 사건에 끙끙 앓으면서 억장이 무너져 내리던 많은 국민들이 통쾌히디머 열화와 같은 박수를 보냈다.

사전에 보면 '염병'은 전염병의 준말이거나, 급성 전염 열병인 장티푸스를 이르는 말인 것으로 풀이돼 있다. 실제로 최순실 씨가 그런 염병을 앓고 있어서 그 노동자가 그렇게 외친 것은 아니었다. 어떤 사안에 대해 주체할 수 없는 분노와 증오를 느낄 때 사람들은 흔히 그렇게라도 욕을 하면서 분을 삭인다. 그 무렵 이 나라 민초들은 치밀어 오르는 울화를 어쩌지 못하고 있던 참이었다. 많은 사람들이 그 노동자에게 '사이다 폭격을 감행해 준 우리들의 영웅'이라는 칭송을 보냈다.

사실 우리는 오랫동안 너무 많은 '염병'하는 모습을 보면서 분노와 증오를 키워 왔다. 예의는 아니지만, 많은 사람들이 MB나 박근혜 씨에 대해서도 "염병하네"라는 욕설을 쏟아내고 싶어 하는 듯하다. 솔직한 눈빛들이 그렇다. 그래서 비극이다. 대통령 바꿔치기로 의심받는 온갖 여론 조작 작업도 두말할 나위 없이 '염병 활동'이었다. 종교계 학계 문화계 등 각계 '비협조적' 인사들에게 마구잡이로 좌빨(좌익 빨갱이) 딱지를 붙여댄 것도 '염병하는' 짓들이었다.

특히 '공정보도를 견제'하기 위해 언론계 내부에서조차 얼굴에 철판 깔고 날뛰던 사람들 역시 용서받지 못할 '염병 환자'들이었다. 그들의 반(反)헌법적 민주 언론 파괴 작태를 감싸러 덤비는 바람잡이들 또한 염병하는 사람들임이 틀림없다.

어찌 보면 최근 한 10년 가까이 이 나라는 '염병 공화국'이었다.

우리는 지금 그 '염병'을 치료하고 가지 않으면 안 된다. 필자는 그동안 기회 있을 때마다 민주주의 복원과 마피아 시스템의 청산을 외쳐 왔다. 민주주의가 복원되면 '염병'은 저절로 낫게 되어 있다. '염병 없는 세상'이 그립다.

이명박의 죄와 벌

뉴스와 신문에서 그가 나오지 않는 날은 거의 없다. 육장 나온다. 그것도 하루에 한 건씩만 나오는 게 아니라, 어떤 날은 각각 다른 사안으로 서너 건씩도 나온다. 이명박 전 대통령 이야기다. 본인 말고도 등장 인물들이 참 많다. 가까이는 부인에다 아들, 형님들에 조카들 그리고 처가 권속들까지 끼어 있다.

이와 함께 건설회사 사장 때나 서울시장 때 부리던 '내 사람들'에, 측근들에 핵심 측근에 문고리 측근에 재산 관리인에 금고지기 외에도, 꼬리치던 공무원들과 한눈팔던 군 출신들에 뇌물 관련 기업인들까지 일일이 헤아릴 수가 없다. 아직 결론이 난 건 아니지만 모두 그의 죄와 직간접으로 관련된 사람들인 듯하다. 그래서일 것이다. 그의 죄목과 죄값을 따져 보는 사람들이 최근 부쩍 늘었다.

한마디로 그의 죄는 대통령 자리를 이권(利權)으로 알고 덤빈데서 비롯됐다고 말하는 사람들이 많다. 국익이나 공익보다 사익(私益)을 추구하며 눈을 번뜩인 대목들이 잇달아 드러나고 있다. 한두 가지가 아니다. 그런 일 저지르면서 그는 가장 큰 걸림돌이 되고 거추장스러웠던 민주주의를 콘크리트 바닥에 패대기치며 발로 짓이겼다. 그의 가장 큰 죄다.

최근 잇달아 쇠고랑을 찬 '그의 국정원 사람들'이 저지른 죄도 바로 그 민주주의 작살내기였다. 댓글 작업 같은 추저분한 여론 조작에 국민 세금을 물 쓰듯 하며 민초들을 속여 왔다. 바른 일 하고 바른말 하는 사람들을 무자비하게 탄압했다.

MB가 퇴임 한 후에도, 죄를 추궁하지 않고 안전을 보장해 줄 수 있는 사람을 대통령으로 만들기 위해서였다. 검찰, 경찰, 국세청 등 권력 기관 외에도 사이버 사령부와 기무사 등 군 조직에 끌어댈 수 있는 공무원 조직이 총동원되었다. 2012년 대선은 그래서 민주주의를 도둑맞은 선거였다고 단정하는 목소리들이 많다. 민주주의 하는 나라가 아니었다. 심지어 나라 지키는 데 써야 할 국가정보원 특수활동비까지 대통령 일가의 개인 호주머니로 줄지어 들어간 사실이 드러나고 있다. MB부인도 그 돈 갖다 썼다고 했다.

바른 여론이 생성되지 못하도록 하는 데는 최시중 씨가 혁혁한 공을 세웠다. 새로 종편 허가를 내준다는 당근을 앞세워, 비판 기능이 핵심인 언론을 자기네 애완동물로 만들어 놓았다. 말 듣지 않는 기자는 가차 없이 회사에서 몰아냈다. 숱하게들 쫓겨났다. 민주주의 핵심 요소여야 할 언론을 그렇게 초토화시켰다. MB의 용서받지 못할 죄였다. 그 무렵 그런 언론을 필자는 '이른바 언론'이라고 불렀다.

MB는 재임 중 "우리는 도덕적으로 가장 완벽한 정권"이라 했다. "정직한 대통령으로 남으려 한다"고도 했다. 얼마나 도덕적이고 얼마나 정직했을까. 한동안 4대강 사업은 MB가 가장 큰 업적이라 자랑하던 회심의 역작이었다. 이 사업을 놓고 그는 '물 확보', '수질 개선', '홍수 예방'이 목적이라 했다. 허나 다 알다시피 어느 한 대목도 충족된 것이 없다.

국민 세금 수십조 원을 쏟아 붓는 초대형 프로젝트인데도 MB 정부는 이런저런 구실을 붙여, 규정상 기본적으로 거치도록 되어 있는 예비 타당성 조사조차 깡그리 무시해 버렸다. 공사는 MB의 모교인 동지상고 출신 건설업자들이 대부분을 거머쥐고 단물을 빨았다. 다 알려진 이야기다. 무엇보다 낙동강 유역 주민 1,500만 명이 마시는 수돗물 원수가 똥물 수준이 되는 결과를 빚은 게 안타깝다. '도덕'과 '정직'을 따지기에 앞서 두고두고 골칫거리가 될 수밖에 없는 게 큰일이다. 물론 MB의 씻을 수 없는 죄다.

이른바 자원 외교에서도 그의 부도덕과 상습 거짓말 습벽이 다 드러났다. 미얀마 가스전이니 멕시코 무슨 광산이니 다이아몬드 광맥이니 쿠르드 유전이니 쿠르드 대박이니 하던 소리를 우리는 지금도 기억한다. 대부분 국민을 속인 헛소리였다. 식성 좋은 형님과 왕차관이 기업 임원들 거느리고 자가용 비행기까지 대절해 바람을 일으키며 아프리카 곳곳을 누비고 다녔으나 부질없는 짓이었다.

아랍에미레이트 연합의 원전 공사를 '기필코' 수주하기 위해 그 나라 유사시 대한민국 군대가 자동적으로 개입한다는 터무니없는 이면 계약에 서명하기도 했다. 전투 부대 파병 협정은 대한민국 헌법상 국회의 동의를 거쳐야 하는데도, 당시 국방장관이 국민 몰래 가서 서명했다고 실토했다. 그 전직 국방장관은 "대통령(MB)은 그 때 몰랐을 것"이라고 말 같지 않은 소리를 했다. 물론 몰랐을 리 없다. 알고 했어도 범죄지만, MB가 그 사실을 몰랐다면 그 역시 보통 범죄가 아니다. 엄청난 범죄를 저지른 것이었다.

MB의 측근이 최근 "다스는 누구거냐"는 기자 질문에 "다스는 다스 것"이라 대답해 화제가 된 적이 있다. 그 다스가 다스 것 아닌 MB 것으로 드러나고 있다. 땅이 되었건 돈이 되었건 그는 재산을 관리하면서 대부분 차명(借名)을 이용하는 것으로 전해졌다. 소유자가 나 아닌 다른 사람인 것처럼 가장하는 재산 차명 관리는 MB의 전공 과목인 것으로 알려져 있다. 다스도 그렇게 긴긴 세월 동안 MB가 차명 관리해 오면서 자기 재산 아닌 것처럼 사람들을 속여 왔다는 이야기다.

독도를 둘러싼 일본의 집적거림이 최근 도를 넘고 있다. 당장 평창올림픽에서 남북이 함께 들고 입장한 한반도기에 독도가 표시되어서는 안 된다고 터무니없는 까탈을 부려, IOC가 그 요청을 들어주는 일까지 생겨났다. 유네스코에서처럼 일본의 '돈'이 영향력을 행사한 듯하다는 의혹의 눈길이 뒤를 이었다. 어찌 됐건 분하고 억울한 일이다. 바로 이 독도 문제에도 MB의 어두운 그늘이 짙게 드리워져 있다.

2012년 광복절을 닷새 앞둔 8월 10일 MB가 난데없이 독도를 방문한다. 대한민국 대통령이 대한민국이 실효 지배하고 있는 대한민국 땅을 방문하는 것은 아무 문제가 없는 일이었다. 그러나 그날 한일 두 나라에서는 엄청난 '소리'들이 쏟아져 나왔다. 한국에서는 MB의 방문으로 독도가 우리 땅임을 세계만방에 거듭 밝힘으로써, 자기네 땅이라는 일본 측 군소리를 기분 좋게 제압했다는 반응이 주류를 이뤘다. 그러나 일본에서는 용수철처럼 튀어오르는 반발의 목소리가 거세게 터져나왔다.

문제는 그 다음부터였다. MB는 그 이후에 벌어질 상황과 대응책을 국익 차원에서 꼼꼼히 생각했어야 했다. 그러나 MB는 대응 방안을 전혀 생각해 두지 않았거나, 그쪽 반발을 예상했으면서도 그 같은 상황을 즐겼던 것으로 보인다. 그때까지 우리나라 대통령들 가운데 독도를 방문한 사람은 한 명도 없었다. 게다가 대통령이 방문하지 않아도 그때 독도는 우리가 지배하고 있는 우리 땅이었고, 꼭 그때 대통령이 독도에 가야 할 뚜렷한 이유도 없었다. 요컨대 우리의 입장에서 독도 문제는 긁어 부스럼을 만들 필요가 없었다는 이야기다.

그런데도 그는 독도에 갔다. 그냥 간 게 아니라 미리 일본에 통보를 해 놓고 갔다. 2012년 8월 10일 새벽 1시 출고된 일본 온라인 교토통신은 "한국의 이명박 대통령이 10일 오전 독도에 들어간다고 한국 정부가 일본 정부에 통보했다"고 보도했다. 새벽 1시 16분 《아사히신문》은 "이명박 대통령의 독도 방문은 한일 관계에 심대한 악영향을 끼칠 것"이라며 "일본 정부가 중지를 요구하고 있다"고 썼다. 10일 아침 일본 신문들은 이 사실을 일제히 대서특필했으나 한국의 10일 아침 조간신문에는 그런 기사가 한 줄도 비치지 않았다. 몰랐던 것으로도 보인다.

일본은 발칵 뒤집혔다. 울고 싶은 데 MB가 뺨을 때려준 꼴이었다. 더 큰소리로 울고 더 강도 높게 반발하라고 일본 정부에 사전에 통보까지 해 준 것으로 보인다. MB는 그 때 극심한 레임덕에 시달리고 있었다. 레임덕이라는 개인적 곤경을 벗어나 국면을 전환시키고자 몸부림치고 있었다. 그는 독도에 다녀온 뒤 여론이 뜨자, 당시 레임덕의 상징처럼 되어 있던 현 아무개 인권위원장의 연임 인사안을 결재했다. 현 씨는 국민의 83%가 연임에 반대하던 인물이었다. MB의 독도 방문을 계기로 일본은 더 노골적으로 더 강력하게 '독도는 우리 땅'을 외치기 시작한다.

그 7년 전인 2005년 초 일본 시마네현(島根縣)은 매년 2월 22일을 '다케시마(竹島)의 날'로 제정했다. 다케시마는 일본 사람들이 독도를 부르는 이름이었다. 그 때 일본 정부는 다케시마의 날이 중앙 정부와는 무관하게 진행되는 지방 자치단체 차원의 행사일 뿐이라고 했다. 그때만 해도 한국 정부의 심기를 건드리지 않겠다는 뜻이었던 듯하다. 때문에 시마네현은 매년 2월 중앙 정부가 그 행사를 지원해 주지 않는다고 성토하며, 도쿄에 항의 방문단을 보내고 있었다. 그러던 일본이 MB의 독도 방문 이후 급변했다.

'방문' 이후 첫 다케시마의 날인 2013년 2월 행사부터 중앙 정부가 차관급 고위 관리를 시마네현에 파견하기 시작했다. 어느 나라나 마찬가지겠지만 일본 사람들의 영토 욕심은 특히 유별나다. 심지어 꿈에 본 땅에 대해서도 영유권을 주장할 정도라는 이야기까지 있다. MB의 독도 방문은 그런 일본 사람들의 심리에 적잖은 영향을 쥬 게 분명해 보인다. 기류가 이상해졌다는 이야기도 잇따랐다.

2009년부터 민주당이 집권하고 있던 일본 정치판에 MB 독도 방문 4개월 뒤인 2012년 12월, 우파인 자민당 정권이 들어선 것을 놓고도 그런 기류의 연장선상에서 일어난 현상이라는 진단도 있다. 그때 총리가 된 아베 신타로는 일본 극우단체인 일본회의의 회원으로, 지금껏 장기 집권하면서 '일본 재무장'의 목소리를 높이는 중이다.

방문 이후 일본 정부는 각급 학교에서 '독도는 우리 땅'이라 교육하도록 의무화시켜 가고 있고, 최근에는 난데없이 도쿄에 독도 전시관까지 버젓이 세웠다. '독도는 분쟁 지역'이라고 세계를 향해 악쓰고 싶어 하는 일본의 속셈을 MB가 미리 알고 도와준 꼴이 되었다.

일본 내 반한(反韓) 분위기도 그 날 이후 눈에 띄게 거세졌다고 분석하는 사람들이 많다. 2012년 봄 일본의 대표적인 코리아타운인 도쿄 신오쿠보역 주변에는 한류 점포가 500여 곳이었으나, 지난해(2017년)엔 320곳으로 줄었다는 보도도 나왔다. 이게 다 MB의 '덕택'이라는 이야기가 재일동포들 사이에서는 나오고 있다. MB의 죄라 할 수밖에 없다.

정부가 전직 대통령에 대한 예우로 임대료를 내주고 있는 MB의 강남 사무실 큰 방 한쪽 벽에는 수도선부(水到船浮)라 크게 쓴 액자가 걸려 있다. 물이 차면 배는 뜨게 되어 있다는 이야기일 것이다. 지난달(2018년 1월) 17일 자신에 대한 수사를 정치 보복이라며 MB가 성명을 발표할 때, TV 중계 화면에 그 액자가 얼핏 보였다. 필자의 눈에는 그 사자성어가 꼭 이명박 전 대통령의 이야기를 말하는 것처럼 보였다.

그렇다. 죄는 드러나게 되어 있고, 죄에는 벌(罰)이 반드시 따르게 되어 있다. 공정한 절차로 죄가 가림 없이 드러나고 합당한 벌이 뒤따라야 할 일이다.

태극기, 제자리에 갖다 놓으라!

금메달을 딴 선수가 시상대에 서서, 국가가 울려 퍼지는 가운데 서서히 올라가는 자기 나라 국기를 응시하며, 눈물 글썽이는 모습을 우리는 이번 평창 동계 올림픽에서도 여럿 보았다. 꼭 우리나라가 아닌 외국 선수들일지라도 사람들은 그때마다 가슴 뭉클한 감동을 느끼곤 한다. 시상대에 서서 국기를 바라보면, 옷깃 여미는 경건함이 함께하더라고 했다. 평생 의지한 기둥이면서, 자식 감싸주신 어머니 앞에 선 듯한 느낌이었다고 적은 소감도 읽은 적이 있다. 국가나 국기가 주는 느낌은 그렇게 특별한 데가 있다.

특히 나라를 빼앗긴 채, 굴욕과 압제 속에서 민족정신까지 말살하려한 질곡의 순간순간을 35년이나 견디며 살아야 했던 우리로서는, 그게 더욱 남다를 수밖에 없다. 애국가도 제대로 부를 수 없었고, 태극기도 마음 놓고 흔들어 볼 수 없는 세월이었다. 바로 그래서 우리에게 삼일절은 특별한 날이다. 특별한 태극기의 날이다.

1919년 기미년 봄의 만세 운동 가운데서도, 17세의 어린 소녀 유관순이 천안 아우내 장터에서 목숨을 걸고 주도한 태극기 행진 이야기는 지금도 우리를 전율케 한다. 4월 1일(음력 3월 1일)이었다. 빼앗긴 나라 되찾아야 한다는 일념으로, 그 시골에서 자그마치 3천 명이나 되는 군중들이 손에손에 태극기를 들었다. 소녀가 앞장을 섰다. 독립 만세를 외쳐대며 격렬한 시위가 벌어졌다. 소녀는 그 시위에서 일본 경찰의 총칼에 부모를 잃었다. 자신도 체포되어 이곳저곳으로 옮겨 다니며 험한 옥살이를 계속했다.

2013년 주일 대사관이 찾아내고, 국가기록원이 넘겨 받아 그해 11월 19일 공개한 자료에는 유관순이 서대문 형무소 '옥중에서 타살' 되었다고 적혀 있다. 1920년 9월 20일 숨을 거둘 때까지 18세 소녀는 감옥에서도 울부짖으며 "대한 독립 만세"를 불렀다고 했다.

소녀에게 태극기는 무엇이었을까. 나라였을 것이다. 요람이고 울타리였을 것이다. 자신을 존재케 하는 버팀목이고 희망이었을 것이다. 당당함이었고 자랑이면서 성스러움이었고, 아마도 차오르는 눈물이었을 것이다. 그 정도까지는 아니었지만, 필자에게도 태극기를 보면서 눈물을 흘린 경험이 있다.

1980년 5월 광주에서였다. 계엄군의 검열에 막혀 기사 한 줄 못 썼으나, 필자는 그 때 광주항쟁을 출장 취재 중이던 기자였다. 5월 22일부터 공수부대의 무차별 사격으로, 희생자들의 시신이 당시 전남도청 앞 상무관에 안치되고 있었다. 그 상무관에 발을 들여놓는 순간, 사체들 냄새와 함께 유족들의 통곡소리 속에 시신들의 모습이 눈에 가득 들어왔다. 입관을 마친 시신도 있었으나, 더러는 미처 관을 준비하지 못한 채 처참한 모습으로 뉘어져 있기도 했다.

놀라웠던 것은 입관 여부와 상관없이, 모든 시신들이 하나 같이 커다란 태극기를 덮고 있는 광경이었다. 그 태극기들을 보는 순간 뜨거운 것이 필자의 목울대를 타고 올라오면서, 울컥 눈물이 쏟아지는 것을 숨길 수가 없었다. 당시 전두환 군부는 적색분자 폭도들이 광주에서 소요를 일으키는 중이라고 강변하고 있었다. 군인들의 주장대로라면 태극기를 덮고 있는 시신들은 모두 빨갱이였다. 그러나 광주 시민 누구도 그들을 불순분자로 보는 사람은 없었다. 물론 기자인 필자도 그랬다.

그러나 유족들이나 시신들까지도 모두, 우리는 빨갱이가 아니라고 억울함을 항변할 데가 없었다. 다만 시신들이 덮고 있는 태극기들이 그렇게 원통함을 외치고 있었다. 우리는 대한민국 국민들이라고, 우리를 빨갱이로 몰지 말라고 악쓰고 있었다. 우리는 여기 말고는 피하거나 더 갈 데도 없다고, 몰아내려 하지 말라고, 여기는 우리가 살아야 할 민주공화국 대한민국이라고 태극기들은 절규하고 있었다.

그렇게 눈물을 찔끔거리며 상무관 문을 나섰다. 때마침 도청 앞 광장에 많은 시민 학생들이 모여들고 있었다. 손에 태극기를 든 사람들이 많았다. 태극기가 한없이 거룩하고 숭고해 보였다.

거듭 눈물이 났다.

그런 태극기가 요 근래 알 수 없는 사람들의 손에 들려서, 황당한 모습으로 거리를 떠돌아다니며 표류해 가고 있다. 참으로 안타깝고 참으로 민망한 일이다. 다 알다시피 태극기 부대 활동은, 최순실 씨와 함께 나라를 요절내다 파면·구속된 박근혜 전 대통령의 '구출 운동'이 그 시작이었다. 처음에는 태극기만 흔들더니, 유모차가 동원되고, 트럭에 고성능 스피커를 달아 군가까지 틀어대면서, 경찰과 물리적 충돌을 빚기도 했다.

눈살을 찌푸리는 사람들이 늘어갔다. 박 전 대통령이 헌재의 파면 선고를 받고 강남 삼성동 집으로 돌아갔을 때 태극기 부대원들은 맹렬했다. 그녀를 응원한다며 태극기를 온몸에 두른 채, 집 앞 골목에서 기자들의 취재 차량을 가로 막으며 길바닥에 드러눕기도 했다. 그 골목길은 인근 초등학교 학생들의 통학로였다. "엄마, 태극기 무서워!"라는 어린이들의 겁에 질린 하소연이 언론에 보도되기도 했다.

그들은 활동 영역도 넓혀 갔다. 일부 대기업 오너의 사법 처리 과정에도 관심을 보이며, "영장 기각하라"고 악을 썼다. 박 전 대통령의 재판이 있는 날에는 서울 지하철 2·3호선의 교대역과 서초역 주변에 태극기 노점상들이 등장하기도 했다. 급기야 평창 올림픽 개막식 때, 남북 선수단이 태극기 대신 한반도기를 들고 입장한다는 '평양 올림픽' 시비에 동조하더니, 일부 종교 단체와 함께 가짜 뉴스에 얹혀 개헌 문제에까지 태극기를 들고 나섰다.

본색을 드러냈다고 말하는 사람들이 적지 않다. 곤경에 처한 특정 정치 세력의 돌파구를 마련하고, 정치적 이익을 확보하는 게 애당초부터 태극기 부대의 목표였다고 지적하는 사람들이 많다. 물론 어떤 사안에 대해, 실정법의 테두리 안에서 견해를 나타내는 것은 헌법상 보장된 표현의 자유에 속하는 일이다. 그러나 그 견해를 꼭 태극기만을 표현 수단으로 해서 나타내고자 하는 데는 문제가 있다.

더구나 그 과정에서 태극기가 특정 진영의 이익을 노린 선전 도구나 수단이 되는 것은 납득할 수 없는 일이다. 설사 표현하고자 하는 내용이 있다 해도 태극기만을 수단 삼아야 할 이유는 없다. 내용 대부분이 태극기와는 상관도 없어 보이기 때문에 하는 소리다. 차라리 피켓이나 플래카드를 드는 게 맞다는 지적에 수긍이 간다. 게다가 태극기 부대가 애당초 주장하던 '박근혜 전 대통령의 무죄'는 설득력도 별로 없는 사안이다. 전 국민의 81%가 그녀의 탄핵에 찬성한 것 모르는 사람 거의 없기 때문이다.

이 나라 국기인 태극기의 당당한 펄럭임을 훼손해서는 안 된다. 태극기를 특정 진영의 상징물로 둔갑시키거나, 궁색한 앞가림용 소모품으로 삼아서도 안 된다. 태극기는 제자리에 갖다 놓는 게 옳다.

홍준표식 정치 보복의 추억

'정치 보복'이란 말이 너무 많이 쏟아져 나오고 있다. 이명박 전 대통령이 입만 열면 정치 보복이라고 하더니, 특히 자유한국당 쪽에서 거의 매일 거의 하루 종일 정치 보복을 말한다. 엊그제 (2018년 4월 13일)는 자유한국당 홍준표 대표가 문재인 대통령과 영수회담을 하면서도 정치 보복 문제를 강조한 것으로 전해진다. 바야흐로 이 나라가 정치 보복 일삼는 나라쯤 된 게 아닌가 착각이 들 정도다. 장삼이사(張三李四)들 가운데서도 '이젠 정권이 바뀌면 으레 정치 보복이라는 걸 하는 건가 보다'라고 생각하는 사람들이 적지 않은 듯하다.

다소 포괄적 정의가 될지 모르겠으나, 정치 보복이란 정치적 약자로 억눌림 당하거나 기죽어 있던 쪽이 어느 날 힘을 얻게 되면서, 가해자였던 쪽에 정치적 불이익을 안기며 앙갚음을 하는 행위쯤 되지 않을까 짐작해본다. 당장 자유한국당 쪽에서 주장하듯이, "더불어민주당이 집권하더니 한국당 사람들 숨쉬기도 불편할 만큼 운신의 폭이 좁아졌다"고 불평하는 상황을 말하는 것 같기도 하다.

그러나 좀 더 들여다보면 자기네가 집권하고 있을 때는 웬만한 잘못은 별 탈 없이 눈 감고 넘어갔으나, 정권 바뀐 뒤로는 '벌'(罰)의 두려움 때문에 운신하기가 너무 불편해졌다는 투덜거림으로도 들린다. 홍준표 대표가 문재인 대통령에게 "그만 좀 잡아가라"고 했다는 이야기도 그런 의미였을 것이다.

문재인 정권 들어서기 전 구속된 박근혜 전 대통령은 차치하고라도, 이명박 전 대통령을 비롯해 최경환·이우현·배덕광 등 국회의원들이 줄줄이 구속되고 수사를 받는 것도 전 같으면 그냥 무사히 넘어가던 일 아니냐는 항변의 뜻임도 엿보인다.

그러나 분명히 하고 넘어갈 게 있다. MB나 그 국회의원들 모두 정치 보복에 의해 구속되거나 수사 받는 게 아니라는 점이다. 그들은 실정법을 위반한 범죄 행위에 대한 응징으로 구속되고 조사를 받는다는 점에 주목할 필요가 있다. 그들이 정치적으로 보복 당했다고 보거나, 그렇게 단정해서도 안 된다.

단언컨대 그건 기강의 문제다. 나라 기강이 엉망으로 무너지면서 급기야 대통령이 두 명씩이나 구속되는 사태에 이르렀다고 보는 게 옳다고 생각한다. 정치 보복이라는, 어찌 보면 포괄적이고 불분명한 이유로는 설명이 되지 않는다. 그들의 범법 행위가 너무나 뚜렷하기 때문에 하는 소리다. 오해나 혼동이 있어서도 결코 안 될 일이다.

구속된 사람들은 실정법을 위반해 놓고도 그냥 별 탈 없이 두루뭉술하게 넘어가던 지난 시절과 비교하며 그리워할 수도 있을 것이다. 그러나 그리워하는 것 자체만으로도 그건 정상적인 나라 꼴이 아니다. 우리는 지금 외신 보도대로 '수많은 대통령들이 줄줄이 구속된 나라'라는 오명까지 뒤집어쓰고 있는 처지다.

자기 편이라고 벌 받아야 할 사람 적당히 눈감아주던 게 바로 엊그제였다. 정치적 이익을 거머쥐기 위해 죄 없는 생사람에게 없는 죄 뒤집어씌워 목숨까지 빼앗던 시절도 있었다. 그 때문에도 이제는 정치 보복과 실정법 위반 범죄는 분명히 구분해야 한다는 이야기다. 범죄 응징을 그냥 우격다짐으로 '정치 보복'이라 악쓴다고 될 일도 아니다.

본인 입지가 특히 좁아져서 그럴 테지만 요즘 MB의 정치 보복 '억지'가 도를 넘고 있다. "다 내게 물으라" 하더니 검찰 조사조차 거부했다. 물어볼 수조차 없게 된 것이다. "구속되었을 때와 기소 때 차례대로 발표하라"며 미리 성명서를 써 놓기도 했다. '혐의 없음'과 '검찰 수사의 거짓'을 주장하려면, 검찰 조사라는 사법체계를 통한 절차를 지켜 주는 게 대통령을 지낸 사람의 도리였다. 그러나 막무가내였다.

국정원 댓글 조작을 일삼은 원세훈 씨가 유죄 선고를 받고, 집사 김백준 씨까지 시인한 국정원 특수활동비 횡령도 모르는 일이라 했다. 삼성의 이학수 씨가 MB측 요청으로 수십억 원의 다스 소송 비용을 대줬다는 자술서까지 썼는데도 터무니없는 주장이라 잡아떼는가 하면, 공무원인 청와대 경호원을 개인 소유인 영포빌딩에 보내, 몰래 빼돌려둔 범죄 문서들을 지키게 한 것도 새빨간 거짓말이라 했다.

4대강 사업에 뒷돈 대준 기업인을 공사에 참여시키기도 했고, 국회의원 비례대표에 뇌물 준 사람 우격다짐으로 상위 순번에 배치해 당선시켜 놓고도 아니라 했다. "이 나라 보수를 궤멸시키려는 정치 공작"이라 악을 쓰더니(MB는 보수도 아니다), "우리가 피땀 흘려 이룩한 자유민주주의체제를 와해시키려 한다"고 땅이 꺼지게 나라 걱정도 했다. 바야흐로 무술옥사(戊戌獄事)가 벌어지고 있다고도 했다. 모두가 짜 맞추기 수사요 정치 보복이라 했다.

자유한국당의 홍준표 대표도 그랬던 적이 있다. 자신의 범법 행위에 대한 응징을 정치 보복이라 주장하면서 펄쩍펄쩍 뛰던 일을 지금도 기억하는 사람들이 적지 않다.

1999년이었다. 당시 홍준표 의원이 3월 9일 대법원에서 선거법 위반으로 500만 원의 벌금형을 선고받고 의원직을 상실한다. 그는 대법원 선고 전날인 3월 8일 국회 본회의에서 신상 발언을 통해 자신은 김대중 정권에 의해 편파 사정을 당했으며, 자신을 마지막으로 더 이상의 정치 보복이 없기를 바란다고 피를 토하듯 열변을 쏟아냈다. 이튿날 기자회견에서도 그는 사법부의 칼을 빌린 DJ정권의 표적으로 정치적 박해를 받고 국회를 떠난다고 역설했다.

그러나 그때 홍 의원의 주장은 사실이 아니었다. 그는 DJ정권의 표적 사정이나 정치 보복에 의해 의원직을 잃은 게 아니었다. 1996년 4.11 총선에서 신한국당 후보로 국회의원에 당선된 그는 선거법 위반 혐의로 고발되었다가, 신한국당 정부의 검찰에 의해 불기소 처분을 받는다. 그러나 그 불기소 처분이 부당하다며 당시 야당인 국민회의가 재정 신청을 내자 법원이 이를 받아들이면서 사태가 새로운 국면을 맞게 되었다.

1997년 2월 21일 한나라당의 전신인 신한국당이 여당으로 집권하고 있을 당시 법원이 그렇게 홍 의원을 재판에 넘겼다. 그의 혐의는 불법 선거운동 비용 2400만 원에 선거운동 비용 허위 지출 보고서 제출이었다. DJ 정권이 들어서기 1년 전이었으므로, DJ가 정치 보복이나 표적 사정을 할 수 있는 계제도 아니었다. 오히려 처음 불기소 처분을 내린 검찰이 홍 대표에게 부당한 특혜를 준 사실이 밝혀졌을 뿐이다.

그저 정치 보복을 당했다면 동정을 받게 되는 풍토를 이용하고자 그랬는지는 알 수 없으나, 그의 정치 보복 주장은 적어도 거짓이었다. 그때 한 일간신문의 논설위원이었던 필자는 "그래서는 안 된다"고 꾸짖는 내용의 기명 칼럼을 썼다가, 논설주간 되는 분이 게재를 거부해 30년 넘게 근무하던 신문사에 사표를 냈다. 기자의 바른 소리를 신문에 실을 수 없다 하는 것은 신문사를 떠나라는 의사 표시라고 봤기 때문이다. 필자는 당시 홍 의원과 홍 의원 소속 정당에 대한 논설주간 되는 분의 '애정'이 사태를 그렇게 만든 것으로 이해하고 있나.

거듭 지적한다. 홍준표 대표의 과거 의원직 상실은 실정법 위반에 대한 사법부의 응징이었을 뿐 어느 누구의 정치 보복 때문은 아니었다. 홍 대표는 정치 보복과 실정법을 어긴 범죄 행위를 분명히 구별해야 했다. 지금 정치판에서 벌어지고 있는 사태도 그렇게 분명히 정리될 필요가 있다. 정치 보복이라는 분명치 않은 논리로 사태의 본질을 흐리려 해서는 안 된다. 정치판도 이제는 좀 업그레이드되었으면 좋겠다.

'양승태 대법원'의 군사문화,
그는 박근혜 사령관의 법무 참모였나

사법부가 대란에 빠져들었다. 재판을 놓고 '거래'를 한 의혹이 드러났다는 게 줄거리다. 앞서도 다룬 바 있지만, 정지영 감독의 영화 〈부러진 화살〉에서 주연 배우 안성기가 "이게 재판입니까, 개판이지"라고 피를 토하듯 절규하는 대목이 나온다. 양승태 파동의 '주제'도 재판을 개판 만들었다는 이야기인 듯하다. 그게 빌미가 된 것으로 보인다. "재판을 엿 바꿔 먹었다"는 극언까지 나오는 중이다. 사후 처리 문제를 놓고도 수사 의뢰 찬반이 엇갈린다. 보통 대란이 아니다.

물론 양승태 전 대법원장은 펄쩍 뛰었다. 대법원이나 하급심 재판에 결단코 부당하게 간섭한 적이 없고, 성향에 따라 판사들을 뒷조사한 적도 없다고 했다. 양 전 대법원장은 기자회견을 하면서, 법관 생활을 40년 넘게 해 왔음을 두 차례나 강조했다. "대법원의 신뢰가 무너지면 나라가 무너진다"고도 했다. 그걸 누구보다 잘 아는 자신은 절대로 결백하다는 이야기였다. 그러나 자꾸 새로운 의혹들이 고개를 들고 있다. 혼란스럽다.

사람들은 저토록 나뭇잎이 심하게 흔들리는데, 그저 보이지 않는다 하여 바람은 불지 않는다고 고집할 수 있는 거냐고 말들 한다. 이 나라 헌법 제103조에는 "법관은 헌법과 법률에 의하여 그 양심에 따라 독립하여 심판한다"고 규정되어 있다. 양승태 대법원은 그걸 제대로 지키지 않은 듯하다.

암울했던 군사정권 시절 시국 사범에게 무죄를 선고한 판사를 향해 국가관이 없다고 호통을 친 대법원장이 있었다. 군사문화가 대법원에도 해바라기처럼 만발하던 무렵의 이야기다. 양승태 대법원에는 청와대를 향한 해바라기가 만발해 있었던 것으로 보인다.

'사법행정권 남용 의혹 관련 특별 조사단'이 '거래된 것'들로 보인다며 내놓은 자료에는 '국정 운영을 뒷받침하기 위해 협조한 재판'이라거나, '정부의 노동시장 유연성 확보에 기여'에다, '한일 우호 관계 복원을 위해 일본 기업이 재판에 이기는 판결 기대' 등의 대목도 나온다. 해괴한 것들이 수두룩하다. 사법부가 부당하게 '협조'하고 '기여'한 재판이 '거래'되었다는 이야기다.

양승태 전 대법원장은 "(혹시 법원행정처가 그랬는지는 몰라도) 나는 모르는 일"이라는 투로 말했다. 그러나 법원행정처는 대법원장과 수직관계에 있는 직속기구다. 대법원장 모르게, 사전이건 사후이건 법원행정처가 일을 벌일 수 없게 되어 있기 때문에 하는 소리다. 양승태 대법원은 박근혜 대통령뿐만 아니라 특정 언론사와도 거래를 한 사실이 문서를 통해 드러났다. '거래 품목'은 무엇이고 '거래 조건'은 무엇이었을까 대단히 궁금하다.

우리를 슬프게 하는 것은 그 구린내 나는 거래마다 억울한 피해자들의 피눈물이 그늘에 질펀하게 깔렸다는 사실이다. 법원은 인권의 최후 보루라는 철칙을 상기할 필요가 있다. 힘없고 백(back) 없고 돈 없더라도 사람의 기본권을 최후까지 지켜 줘야 할 법원이 오히려 청와대와 '교신'해 가며 무참히 짓밟은 사례들이었다. 거래된 재판 하나하나가 다 눈물겨운 사연들이었다.

KTX 여성 승무원들은 해고 무효 소송 1심과 2심에서 이겼으나, 대법원에서 뜻밖의 패소 판결을 받았다. 그냥 법리 판단에 의한 패소가 아니라, 권력의 입맛에 맞춘 것이었노라고 대법원이 스스로 인정한 문건에서 공개했다. 1심과 2심에서 이겨 그동안 못 받은 4년치 월급을 받았으나, 대법원 판결이 뒤집히는 바람에 받은 월급의 이자까지 얹어 1억여 원씩을 물어내야 했다.

한 해고 승무원은 이 때문에 "세 살 아이에게 빚만 남겨 미안하다"는 기막힌 유언을 남기고 목숨을 끊었다. 이건 사람 사는 세상의 이야기가 아니다. 양승태 대법원이 그랬다.

쌍용자동차 정리해고 소송도 항소심에서 이겼으나 대법원이 뒤집었다. 노조 지부장은 그 판결 이후 네 명의 동료와 가족들을 "떠나보냈다"고 했다. '노동시장 유연성 확보 기여' 사례였다. 일제 전범(戰犯) 기업을 상대로 한 강제 징용 피해자들의 손해배상 소송은 당초 아홉 명이 제기했으나, 지금 생존자는 두 명뿐이다. 양승태 대법원이 판결을 무기한 미뤄 왔기 때문이었다. 청와대 비서실장과 '교신'이 있었다고 했다.

자세히 보면 재판의 피해자들은 하나같이 무지렁이 졸(卒)들이었다. 다투는 상대가 있다 해도 소송을 제기한 쪽은 '무시해도 별일 없는 계층'이었다. 더구나 다투는 상대가 정부이거나 대기업이거나 청와대에 줄이 닿아 있다면, 따질 필요도 없었을 것이다. 그건 군사문화다.

흔히 군사문화는 승리 · 능률 · 일사불란 등을 추구하는 문화로 알려져 있다. 기본적으로 '졸권'(卒權, 졸병의 기본권)은 없으며, 있다 해도 그 우선순위가 한참 뒤로 밀린다. 군사문화의 기본 사항이다. 양승태 대법원이 '졸권'이나 '인권 최후의 보루'를 지켜 줄 필요가 없다고 본 것은 바로 찌든 군사문화의 발로로 보인다. 문건에 나온 대로 '박근혜 정부의 국정 운영을 뒷받침하기 위해 협조'한 게 맞는다면 양승태 대법원장은 정확하게 '박근혜 사령관의 법무 참모'를 자임했는지도 모른다.

참모란 원래 '각급 고급 지휘관의 지휘권 행사를 보좌하기 위하여 특별히 임명되거나 파견된 장교'를 말하지 않던가. 그래서였는지도 모른다. 양승태 대법원은 '영장 없는 체포 활성화 방안'까지 검토했던 것으로 전해진다. 으스스한 이야기다.

필자는 30년 전 8월 '청산해야 할 군사문화'란 칼럼을 썼다 하여 정보사령부 현역 군인들로부터 왼쪽 허벅지를 도륙당하는 '칼

부림 테러'를 당했다. 그 때문에 필자는 아직도 군사문화 트라우
마에 시달리고 있다. 우리 사회에서 군사문화는 이제 청산되는
게 옳다.

펜이 칼보다 강함을 입증한 기자

양재찬

언론의 사명을 거론할 때 흔히 쓰는 표현이 '펜은 칼보다 강하다' 이다. 입법, 사법, 행정부에 이어 제4부라 칭하는 언론에 대한 민주주의 사회의 기대치를 환유한 말이다. 펜은 국민의 알권리 충족을 위해 제 역할을 다하는 언론을, 칼은 사회 구성원들에게 언제 위협으로 닥칠지 모를 폭력 및 권력의 횡포를 일컫는다.

그래서 구체적 사실(fact)을 근거로 실체적 진실(truth)에 접근하는 참 기사를 쓰는 것을 '펜을 들다'로 표현한다. 또한 정치권력이나 경제권력에 아부하지 않음은 물론 언론사나 기자의 사사로인 이익에 사로잡히지 않고 공공이익에 입각한 가치 판단을 토론 마당에 제공하는 것을 '정론직필(正論直筆)'이라 한다.

이처럼 우리 사회에 꼭 필요한, 펜의 힘을 제대로 보여주려고 애쓰다가 칼의 힘에 맞닥친 언론인이 있으니 기자 오홍근이다.

1988년 8월 6일, 당시 중앙경제신문 사회부장이었던 그는 아침 출근길에 괴한들로부터 칼부림 테러를 당했다. 허벅지가 길이 34센티미터, 깊이 3~4센티미터 찢기는 중상을 입었다.

수사 결과 정보사령부 장성 두 명을 포함한 십여 명의 현역 군인들이 조직적으로 저지른 범죄로 밝혀졌다. 이들은 오홍근 부장이 시사월간 잡지 《월간중앙》 1988년 8월호에 기고한 '청산해야 할 군사문화'라는 제목의 칼럼에 불만을 품고 테러를 자행했다.

백발의 홀어머니가 아들의 상처를 어루만지며 하염없이 눈물을 흘리셨다. 그 모습에서 오 부장은 테러범으로 구속된 현역 육군 소령 외아들 때문에 가슴 태울 부모를 떠올렸다. 퇴원해 지팡이에 의지한 채 아버지 산소에 들렀다가 귀가 길에 테러범 집을 찾아가 위로했다.

테러범들에 대한 1심 재판이 끝나면 항소심에서 형량을 낮춰 달라고 재판장에게 편지를 써야겠다는 생각도 했다. 당연히 실형이 선고될 것으로 봤던 것이다. 그러나 이는 순진한 생각이었다. 테러범들이 1심에서 집행유예나 선고유예로 풀려났으니 말이다.

칼의 힘은 결코 적지 않았다. 오 부장은 병원에 입원한 33일, 퇴원한 뒤 5개월여 동안 육신의 아픔은 물론 시도 때도 없이 엄습하는 불안감에 잠을 못 이뤘다. 집을 나설 때, 신문사에서 퇴근할 때, 집 앞도 신문사 근처도 아닌 데서 택시를 잡으려 서 있을 때에도 본능적으로 주변을 살폈다. 가해자들은 이런 심리적 압박을 노렸을 것이다.

한참 뒤 오 부장은 중앙일보 사장 등이 '피해자 측이 되레 잘못했다고 빌고 다닌' 사실을 알고 경악한다. 당시 중앙일보 경영진은 군 고위 장성들을 그룹 지어 거의 매일 밤 술자리를 마련하고 "우리가 가해자"라며 "이해해 달라"고 사과했다는 것이다. 여기에는 군이 발주하는 방위산업 수주가 걸려 있던 삼성그룹(중앙일보사의 모기업)의 입김이 작용했다.

밤늦게 술자리가 파하고 승용차에 올라타면서 중앙일보 사장은 "우리가 이렇게까지 해야 하느냐"며 울음을 삼켰다고 한다. 이미 고인이 된 그분을 생각하면 당시나 지금이나 가슴이 아려온다고 칼럼니스트 오홍근은 회고한다. 한편으론 몸을 던져 더욱 치열하게 기자로서 소임을 다해야겠다는 오기가 솟구쳤다고도 회고한다.

테러 사건 이후 중앙일보는 한동안 오 부장의 인사 문제를 사전에 군부의 동의를 얻어 처리한 것으로 전해진다. 그 바람에 오랜 사회부 기자 경력에 숱한 특종기사를 쓰면서도 '중앙일보 사회부장'으론 발령받지 못했다. 1989년 9월 그동안 쓴 칼럼을 묶어 책(오홍근 사회비평집 《각하전상서》)을 낼 때에도 '청산해야 할 군사문화'란 제목을 달지 못하게 했다.

그는 이 땅에서 언론에 대한 테러는 자신이 마지막이길 바랐다. 테러를 당해 병실에 누워있을 때만 해도 정치권력으로부터의 자유만 보장되면 언론이 바로 설 수 있을 것으로 생각했다. 그런데 '피해자 측이 빌고·다닌 상황'을 접하고선 자본(경제)권력으로부터의 자유도 중요함을 인식했다. 그러면서 펜을 더욱 꼿꼿이 세웠다. 정론직필을 가다듬었다.

기자 오홍근은 중앙경제신문 사회부장으로 재직하면서《월간중앙》에 꾸준히 칼럼을 연재했다. 중앙경제신문 창간 멤버로 참여해 신문을 안착시킨 뒤인 1993년 중앙일보로 복귀해 논설위원으로 근무하다가 일본으로 연수를 떠난다. 거기서 그는 생각지도 않던 중앙일보 판매본부장 발령을 받고 귀국한다.

편집국 부국장에서 국장을 뛰어넘어 이사대우로 승진했는데, 그동안 기자로서 하던 일과 전혀 다르고 생소한 신문 판매와 배달 업무였다. 기자 시절과 마찬가지로 현장을 열심히 뛰었다. 무슨 일이든지 해야겠다고 결심하면 주저하지 않고 몸을 던져 해내는 타고난 기자 근성이 신문 판매 현장에서도 발휘됐다.

그는 신문사 임원인 판매본부장에게 지급된 승용차를 반납하고 지프차로 바꿨다. 새벽 2시면 집을 나와 불시에 판매지국을 순찰했다. '판매본부장이 예고 없이 지국을 급습(?)한다'는 소문이 퍼지면서 전국의 판매지국장들이 긴장해 새벽 신문 배달 현장을 지켰다.

판매본부장으로서 취한 신문 구독 확장 전략 중 하나가 '530작전'이다. 아침 일찍 출근하는 샐러리맨들이 일어나 조간신문을 찾는 5시 30분 이전에 신문 배달을 완료하자는 것이다. 당시 삼성그룹에서 '7·4제'(오전 7시 출근, 오후 4시 퇴근)를 시행하는 등 조기 출근 바람이 부는 것에 맞추기 위함이었다.

새벽 지국 순찰 때마다 그가 확인하는 게 있었다. 특히 아파트에 배달된 신문 한 부 한 부가 놓인 위치였다. 독자들이 아침에 일어나 속옷 차림으로 신문을 집어 들기 위해 현관문을 열 때 신문이 바깥쪽으로 밀려가는 일이 없도록 하기 위해서. 그러려면 배달원이 엘리베이터에 선 채 신문을 현관문 앞에 툭 던져놓지 말고 현관문 옆에 가지런히 잘 놓으라고 신신 당부했다.

오홍근 판매본부장은 직원들에게 작지만 정성이 깃든 배려가 독자의 마음을 움직인다고 강조했다. 독자들이 구독 신문을 선택하는 데 있어 기사 내용 등 콘텐츠 못지않게 중요한 것이 진정성 있는 서비스 정신임을 보여주라고 했다. 그 무렵 그가 판매요원들의 귀가 닳도록 '배달의 품질'을 외치고 다닌 것도 이 때문이었다.

그 결과 1994년 말 96만 부였던 중앙일보 유료 구독 부수가 1997년 말 200만 부 가까이로 불어났다. 같은 기간 신문 발행 부수는 160만 부에서 230만 부로 증가했다. 그 결과 사람들이 흔히 유력 신문을 이야기할 때 '조동중'(조선-동아-중앙)으로 부르던 것이 '조중동'(조선-중앙-동아)으로 바뀌었다. 다급해진 동아일보가 사건 기자, 서울시경 캡 등으로 오홍근 기자와 경쟁했던 사회부 기자 출신을 판매국장으로 발령했지만 때가 늦어 있었다.

언론계를 놀라게 한 구독 부수로 본 신문의 서열 변화는 기자 오홍근의 독한 현장 취재 근성에서 출발했다. 그런 오홍근의 출발은 방송 기자로 시작한다. 오홍근 동양방송(TBC) 기자는 비무장지대를 최초로 현지 르포한 저널리스트로 기록된다. 장단역 녹

슨 기관차에서 자라고 있던 뽕나무를 리포트해 1976년 방송대상 기자상을 받았다. 1979년에는 특집 '농촌 진단'으로 한국기자협회로부터 한국기자상을 수상했다.

그는 철저한 현장 취재와 분석적인 실험 데이터 제시를 통해 시청자의 눈길을 사로잡는 한편 방송 콘텐츠의 신뢰도를 높였다. 기획특집 '식량, 더 아낄 수 없나'에선 음식점 쓰레기통을 뒤져 버린 밥알 수를 일일이 세어 보도했다. 밥 한 그릇에 평균 밥알 몇 개가 담기는데 버린 밥알 수로 계산하니 밥 수천 그릇이 버려지고 있다는 식이었다.

국내 방송 최초로 한강의 오염 현장을 취재 보도한 기획특집에선 직접 비커를 들고 강물을 떠 생화학적 산소 요구량(BOD) 등을 측정해 고발했다. 한강 상류부터 하류까지 육수학(陸水學) 연구에 있어 국내 최고 권위자였던 홍사욱 성균관대 교수와 동행 취재했다. 여세를 몰아 그는 우리나라 최초 극지 탐험 다큐멘터리 '적도 아프리카를 가다' 해외 취재에 나선다.

지금이야 각계 전문가나 시민단체, 일반 시민에 이르기까지 취재 과정에 참여시키는 시민 저널리즘과 참여 저널리즘을 비롯해 빅데이터 등 각종 통계와 실험 수치를 제공하는 데이터 저널리즘이 일반화되었지만, 컴퓨터와 인터넷이 상용화되지 않은 1970년대로선 놀라운 발상의 취재 보도 방식으로 기록된다.

1968년 TBC 보도국 수습기자로 언론인의 길을 걷기 시작한 오홍근은 올해로 '언론 밥' 50년차 칼럼니스트다. 1980년 언론 통폐

합으로 정들었던 TBC를 떠나 중앙일보로 옮겨 1999년 3월 퇴직할 때까지 방송기자로 12년, 신문기자로 18년 취재 현장을 뛰었다.

전두환 신군부에 의한 12.12 사태와 5.18 광주민주항쟁, 그리고 5공화국은 기자 오홍근의 시침을 바꿔놓았다. 병영 안에 있어야 할 군사문화는 탈영을 감행해 권력을 침탈했고, 기자 오홍근이 미치도록 사랑한 일터, 방송을 빼앗아갔다. 오홍근 칼럼이 우리 사회 곳곳에 뿌리박힌 군사문화 청산을 비롯해 언론의 참 역할과 민주화 요구, 사회적 약자의 한 및 눈물과 연결된 배경이다.

1980년은 이 땅의 많은 언론인들에게 눈물과 통한의 세월이었다. 방송을 유별나게 사랑했던 12년차 기자 오홍근도 그중 한 명이었다. 느닷없는 해직 통보를 받고 보따리를 싸는 동료들을 보면서 눈물을 흘렸다. 유난히 눈이 많이 내리고 추웠던 그 해 겨울, 주전자에 막걸리와 소주를 붓고 다시 맥주나 정종 등을 탄 '통폐합주'를 마시며 울분을 토했다. 기자 오홍근은 "우리는 그 술에 눈물을 타 마셨다"고 회고한다.

TBC 간판기자 오홍근은 1980년 11월 30일, 이튿날 KBS로 통폐합되는 TBC의 마지막 저녁 뉴스 〈TBC 석간〉의 총괄 PD를 맡았다. 고별 방송을 마친 뒤 앵커와 기자들이 게양대에서 내려진 TBC 깃발에 한 마디씩 적었다. 그때 기자 오홍근은 이렇게 썼다. "내가 죽거든 TV를 같이 묻어다오."

외환위기 직후인 1998년 초 오홍근은 판매본부장에서 다시 글쓰는 논설위원으로 복귀한다. 신문 판매라는 외도(外道)를 경험한 그는 독자들이 진정 원하는 것이 무엇인지를 되새기며 칼럼과 사설을 썼다. 세상사에 대한 판단 기준을 옳고 그름을 분명히 구별하는 데 두었다. 옳음은 기리되 그름은 가차없이 나무랐다.

그러다가 1999년 3월 자신이 쓴 칼럼이 신문사 측에 의해 개재가 거부되는 상황에 직면한다. 선거법을 어긴 범법 사실로 대법원에서 벌금 500만 원의 유죄 확정 판결을 받아 의원직을 잃은 당시 한나라당 홍준표 의원이 "DJ(김대중) 저격수에 대한 정권의 표적 사정"이라고 주장하는 데 대한 허구성을 일갈한 '죄 없는 죄인, 죄 있는 죄인' 제목의 칼럼이었다.

전후좌우 사실 관계를 거듭 확인하고 절제해서 썼는데 데스크인 논설주간이 뚜렷한 이유 없이 칼럼 게재를 막았다. 3월 18일자 신문에 실릴 예정이던 것이 활자화되지 않자 그는 이틀 뒤 미련 없이 사표를 낸다. 기자 생활을 시작한 지 30년 4개월 20일 되는 시점이었다.

그로부터 두 달 뒤인 1999년 5월, 그는 김대중 정부 초대 국정홍보처장으로 발령났다. 이후 청와대 대통령 공보수석비서관·대변인을 거쳐 한국가스안전공사 사장 등 공직을 역임한다.

그에게도 흠결은 있다. 자신이 쓴 칼럼의 비판 대상이었던 정치판에 발을 담근 것이다. 2004년과 2008년 총선에 도전했다가 고배를 마셨다. 그는 "그때 내가 일생에서 가장 후회할 짓을 했다"고 회고한다.

스스로도 부끄러워하는 정치 입문 '죄' 때문에 한동안 침묵했다가 2010년 인터넷신문 프레시안에 글을 연재하며 칼럼니스트로 돌아왔다. 원광대, 서강대, 광운대 등에서 저널리즘을 강의한 그는 〈'이른바 언론'의 비극〉이란 제목의 칼럼에서 오늘날 언론 상황을 이렇게 진단한다.

"언론이 바로 서지 않으면 나라가 바로 설 수 없다. 특히 정치권력이나 자본권력이나 언론권력이 야합하면 나라가 망조에 접어든다. 언론이 권력과 짝짜꿍이 되어 추한 바람잡이 노릇을 해서야 되겠는가. 언론 사주들도 '압류해 손아귀에 거머쥐고 있는' 언론의 자유를 기자들에게 돌려줄 때가 되었다."

그가 꼬집은 '이른바 언론'이란 제 역할을 못하는 언론이다. 권력이 눈짓 한 번만 보내도 일사불란하게 움직이는 '바람잡이 언론', 권력이 심기 불편하지 않게 알아서 신경써 주는 '마사지 언론' 등을 일컫는다.

올해 일흔일곱, 희수(喜壽)인 칼럼니스트 오홍근의 이메일 계정은 'honestpen'(정직한 펜)이다. 그는 지금도 '군사문화는 병영 안에 있어야 한다'고 목소리에 힘을 준다. 그의 따뜻하고 부드러우면서도 변함없이 '칼보다 강한 글' '정론직필'을 기대한다.

양재찬 언론학 박사

중앙일보 사회부에서 기자 생활을 시작, 중앙일보 산업부, 경제부 부장, 중앙일보 시사미디어 편집위원을 거쳐 아시아 경제신문·논설실장을 역임했다.
현 더 스쿠프(The Scoop) 대기자, 한국외국어대학교 미디어커뮤니케이션학부 겸임교수

청산해야 할 군사문화

초판 1쇄 | 2018년 8월 6일 발행

지은이 | 오홍근

펴낸이 | 김현종
펴낸곳 | (주)메디치미디어
등록일 | 2008년 8월 20일 제300-2008-76호
주소 | 서울시 종로구 사직로 9길 22 2층(필운동 32-1)
전화 | 02-735-3315(편집) 02-735-3308(마케팅)
팩스 | 02-735-3309
전자우편·원고투고 | medici@medicimedia.co.kr
페이스북 | medicimedia
홈페이지 | www.medicimedia.co.kr

출판사업본부장 | 김장환
편집장 | 정소연
책임편집 | 이경민
디자인 | 곽은선
마케팅 | 성기준 이지희 김신정
미디어홍보 | 고광일
경영지원 | 김소영

인쇄 | (주)주손디앤피

ISBN 979-11-5706-128-0 03300